無自己の体験

バーナデット・ロバーツ 著

立花ありみ 訳

The Experience of No-Self

Bernadette Roberts

ナチュラルスピリット

THE EXPERIENCE OF NO-SELF
by Bernadette Roberts

東西の黙想者たちへ——特にカルメルとニュー・カマルドリの霊山居住者たちへ

無自己の体験

目　次

序文

本書は、自己というもののいっさいが失われていく二年間の体験を綴った、個人的な旅の記録です。この旅は、人生をまったく新しい、異なる領域へと導く道程を歩む体験であり、それまで四十年ものあいだ、さまざまな黙想体験を経ていたにもかかわらず、私はそのような状態が存在することすら知りませんでした。自己を失うという体験は想像を絶するもので、私の知っているどんな思想体系のなかからも見つけ出すことができませんでした。それでも、私はあちこちの本屋や図書館を探し回りましたが、この旅に類似した過去の例や記録など、その当時にあったら何らかの助けとなったであろう文献は見当たりませんでした。そうした記録があればどんなによかったであろうと痛感した体験から、いつか私と同じように自己超越という旅をする運命にある人の役に立つことを信じて、この書をしたためています。

私の黙想的な体験は幼いころより始まっていましたが、こういった体験が「キリスト教の黙想的伝統」というより大きな枠組みの中に子供のパズルのようにぴったりと当てはまることに気づいたのは私が十五歳のときでした。それがわかってから、私は神との合一というクリスチャンの最終目標を果たすために約十年間、世俗から離れて過ごしました。そしてその目標も達成できたと確信したとき、現在まで続いている通常の生活に戻ったのです。

キリスト教の伝統的な考え方における自己の喪失とは、一般的にエゴ（ロウアーセルフ）が変容するかなくなるかということで、神との合一のもと、ハイアーセルフあるいは真実の自己に到達することと同様に見られています。この場合、自己は個性を保ち続け、「自分」という存在の感覚を失うことはありません。したがって自己を失うことは、神を生の共有者として認識することと等しくなります。つまりこの考え方では、存在と生の最も深い感覚が神のそれと同じになるのです。ですから、もはやそこに「私の」生はなく、「私たち」（神と私自身）の生があるということになります。この揺るぎない神の状態では、黙想を通して存在の中心である「静寂点」に達することが容易になります。「静寂点」は、自己としての生が生まれ、同時にその中に消えていくこともある場所です。自己が消えるといっても一時的なもので、それが永久に続くことはなく、私の人生にそのような出来事が起きたことはありませんでした。そう、この人生の中でそんなことが起こりうるとは夢にも思わなかったのです。

この旅を始める以前の私は、自己の境界やその意義についてほとんど考えてみたことがありませんでした。自己とは存在のすべてで、肉体と魂であり、心と感情であり、その力の源と静寂点は神によって保たれていると当然のように思っていたのです。自己の最深部は神とつながっていて私たちは一つなのだから、どんな真実の自己も神と離れようがないと思っていました。

これが私の予見しうる限界だったわけですから、それから何年もたってハイアーセルフであろうと真実の自己であろうと、およそ「自己」と呼べるものの一切がなくなるという継続した状態に陥ったとき、私はひどく驚き、混乱しました。私が出くわしたこの路は、黙想生活について記した先人たちが筆を置いたところから始まっているようであり、自分自身からも伝統的教えの枠からも放り出されてしまったことは明らかでした。しかし、自己が消えたという確信とともに、今まで思考から外れていた疑問がおのずと浮かび上がってきました。それは、「自己とは何なのだろう？　それは、正確には、今までどんなものだったのだろう？」ということでした。それから、「自己がなくなったら、何が残るのだろう？」という極めて重要な疑問も浮かび上がりました。この旅はまさに、これらの疑問について少しずつ明かされていく回答そのものであり、外からの説明は一切入手できなかったために、答えはただ体験することによってのみもたらされるのでした。

例外はマイスター・エックハルトの文献から見つけたほんのわずかの箇所で、それも結局、この体験についての道を指し示してはくれなかったのです。東洋思想にも目を向けてみましたが、少なくとも私の入手できた範囲では、その説明に同様の欠落を見つけました。仏教の無自己（no-self）の概念は真理のように思えましたが、初めに神との融合の中で全体自己と出会い、のちに必然的にキリスト教の無自己を体験することが説明されないままに終わっています。そのため、肯定するには至りませんでした。おそらく、先に神との融合を感じれば感じるほど、自己喪失の体験はより不可解で混乱したものになるのでしょう。この過渡期が終わり、新しい生活に慣れて初めて、自己と無自己の相対的な違いにわずらわされることがなくなります。しかしこのころまでには、私たちは何が起きたのかをすでに理解しており、もはや解釈の必要を感じなくなっているのです。

　キリスト教の最終的な自己喪失の概念と、実際に我が身に起こっている体験との落差に気づいた私は、自分なりの回答をいくつか導き出しました。黙想生活は、体験それ自体の性質によってはっきり分けられる二つの段階から成り立っています。第一段階は、自己と神との合一です。これは精神的な統合プロセスと並行しており、自己が、自らの静寂点かつ存在の源である神との永続的な合一を達成する過程で起こる、内なる試練や「暗夜」〔訳注　十字架の聖ヨハネが記した『霊魂の暗夜』に端を発した言葉。しばしば神との合一に向けて進む魂が必ず通るとされる試練のひとつを示す表現として用いられる〕に焦点をあてます。このプロセスで私たちは、自己が失われないことを認識します。そればかりか、最も深奥の聖なる中心から機能する新しい自己が姿を現すのです。

この最初の段階の次には中間期が訪れ（私の場合は二十年間続きました）、この時期には外からのさまざまな試練がふりかかり（内なる試練ではありません）、どれほど強く神と結ばれているかを試され、自己の中心をおびやかそうとやってくるありとあらゆる力に動じずに安定を保つことで、強靭な一体性《ワンネス》を確立します。そのためこの期間は、無条件の合一に対する美を発見し、驚嘆するときでもあり、いつにも増して全体性の意味や、その日常における働きを認識することになります。初期は、容易に分裂してしまう従来の自己の生から、神の中心より動じない新しい自己の生へと慣れていくための期間です。黙想者は最終的に、外からの試練がやってこなくても自らそれを探し求めるようになります。なぜなら、神との合一によって生み出されたエネルギーは、揺るぎない愛を示すための表現を求め、挑戦や苦しみさえも受け入れて（やみくもにまき散らされることなく、ひとつのまとまりとして）外へ向かっていく行為だからです。

二つの段階のあいだにあるこの中間期についての記述も、黙想の書ではほとんどふれられていないということをつけ加えておきましょう。中間期の重要性が過小評価されているのは、これが大爆発（といっても静かに起こるのですが）の準備段階であることが理解されていないからです。大爆発は、もうひとつの大きな転機の始まりです。中間期の終わりには、自己は完全に静寂点と一致しているので、これが第一段階ではあっても、中心からずれることなどない状態に到達しているように思えます。もはやいかなる力や試練に見舞われることもなく、試練の嵐に振り回されることもない自己は、この時点で明らかにその役割を果たし終えています。自己はもう必要とされることも、役に立つこともなくなり、私たちは自己がなくても生活できるようになります。私たちが、自己も、最も密な神との結びつきも超えてさらに先へと進む準備ができたとき、「自己なき生」とも言うべき新しい生に突入します。第二段階の始まりであることのほかに自己の喪失と、喪失後に残る「それ」に遭遇することによって特徴づけられます。この喪失はかなりの激変であり、完全な方向転換であるため、黙想生活における象徴的な出来事として、見過ごすことも、過小評価することもできず、むしろ、どんなに強調してもし過ぎることがないくらいです。これは、単に自己のない人生を知ることをはるかに超えています。結果として新しい認識が生まれ、新しい在り方が生ずるということは避けられません。それは困難と、長期にわたる「再調整」の作業を伴います。心の反射的な機能、あるいは自己意識を生み出す働きであれ何であれ、それは絶たれてしまうか永久に停止させられてしまうことになるので、そののち心はずっと「今この瞬間」にとどめられ、不可知のものから一時たりとも目を逸らすことができないのです。

この旅はつまり、新しい「物の見方」に慣れるための期間であり、自己をなくした後に残る「それ」

と出会うためのゆるやかな移り変わりと啓示の時です。それ以上でもそれ以下でもありません。この旅は、愛と至福を求める人々の期待に応えられるような種類のものではなく、むしろ、火中をくぐり抜け、堅固で動かしがたい「それ」への信頼を得られるような忍耐強い者に向けられています。その信頼は、知識や自己、神との合一、愛や信頼さえも超越したところにあるからです。

自己意識が終焉を迎えて新しい旅が始まる瞬間は、黙想生活における明白な衝撃あるいは節目であるのに、なぜこの「突入」について言及する者がほとんどいないのか、私はただ憶測をめぐらすばかりです。第二段階について一切ふれずに沈黙を守る著者たちのことが、私にはどうしても解せません。たぶん、ある人にとっては強烈な出来事でも、あっさりと超えてしまう黙想者もいるのでしょう。また、自分がよくわからなかったことについてはあまり触れなかったり、異端であると片づけてしまったりする著者もいるのでしょう。あるいは、これが私の見解なのですが──いくつかの区別が明確につけられなかったために、二つの段階を混同してしまったのかもしれません。それは、次のような事柄に対しての区別です。「意識の急激な変化」と「意識の停止」。「ロウアーセルフ（エゴ）の超越」と「その後にやってくるハイアーセルフ（真実の自己）の超越」。「神との合一」と「その合一を超越した神」。全体として見ると、黙想生活はひとつの連なりです。各段階の違いが明らかで、間違えようのないほど際立った体験に本人が出くわさない限り、そこに線引きをしてはっきりと区別することは困難です。

ですから、私が本書を執筆していく上での狙いは、第二段階を解明してよりわかりやすくし、できることならキリスト教概念における自己喪失の究極的、最終的な理解を浮き彫りにすることです。この試みは、第二段階が決して珍しい事例ではなく、今までもこれからも、多くの人々がこの段階を経験していくだろうという確信に基づいています。私の得た解釈が、それらの人々にも同様にあてはまるかもしれません。同じ経験をする人は一人としていませんが、神の内に真実の自己を発見し、それからそれを失うという状況に置かれた者同士には、共通する結論や発見があるだろうと、確かに思うのです。

私は旅が進行しているあいだも記録をとるようにしていましたが、現在のような形にまとめ、数人の友人にわたしして感想や批評を聞かせてもらったのは、旅が終わってからのことでした——つまり自己があってもなくても、私の人生に相対的な違いが現れなくなってからということです。彼らは、内容やその稚拙な文体については寛大すぎるくらいでしたが、疑問点や異論を唱えるとなると正直でした。それらに応じて書いたのが第二部で、変化の渦中には浮かばなかった回答を見つけようと試みています。

第二部を綴ることで、私自身もより深くこの旅を理解することができました。この旅の過程が有する性質として、まったくの未知なる状態にあることが挙げられます。徐々に開示される道のりには、ある種の美と神秘の空気が添えられる一方で、戸惑いという感覚もまた訪れます。この戸惑いと結びついた困難の中でも、ある程度の部分は前もって情報が得られれば回避できるものです。旅を終えて振り返ったときに初めて、私はより深い理解にたどり着きました。その結果、最終章で示している解釈をしたためることができたのです。

なお本書では、この旅を理解するために必要な私の過去の背景についてもふれています。当初、この背景の部分は含まれていませんでした。私の現在の関心は、自己を超越した段階という未踏の領域にのみ向けられているからです。それに、起こった変化をできるだけ早く記録にとどめなければ、すぐに忘れてしまうことを私は知っていました。過ぎ去っていく体験のひとつひとつは同じ形ではとどまらないということ、それがこの旅の最初のレッスンだったのです。それはほとんど足跡を残さず、まして鮮明な記憶として残ることなどありません。要するに人は、過去を持たずに生きることを学ぶのです。

ですから私は、この旅を永遠に忘れ、自分が生まれた日の記憶同様に自己喪失の日々もおぼろげなものとなってしまわぬように、急いで書きとめたのです。同時に、過去から解放されると、以前なら躊躇したであろう個人的な事柄についても書けるようになりました。旅はもう、「私」

に属しているわけではないからです。それは私たちを取り巻くさまざまな事象と一緒です。つまり旅自身が、今や過去のものとして不変の状態でとどまっているのです。

最後にもう一度、これから読んでいただく内容は黙想の第一段階、すなわち神との合一をとげた魂の状態とは異なるということを強調しておきたいと思います。この第一段階について、私は他で著述したことがありますし、また黙想の書籍の著者にとっては最大の関心事ですからすでに十分語りつくされています。私が始めようとしているのは、彼らが筆を置いた先に続いている記録です。さあ、それでは、自己と神との合一も超えた、沈黙と静寂という未知なる領域への旅を始めましょう。

第1部　旅

Part1：The Journey

過去の経験から、私は沈黙のあらゆるレベルと種類に親しんできました。内なる沈黙もあれば、外からやってくる沈黙もあります。存在の動きを止めてしまう沈黙もあれば、宇宙全体を包み込んでいる沈黙もあります。自己そのものの沈黙や、意志、思考、記憶、感情といった自己の機能の沈黙、無の中にある沈黙や、「何か」の中にある沈黙もあります。そして極めつけは、無自己の沈黙と、神の沈黙です。私の黙想の経験を軌跡として描くように言われたら、私はこの無限に拡大し、深まり続ける沈黙を示すでしょう。

けれども、この軌跡が途絶えてしまうかもしれないと思える時がやってきました。あるとき私は、決して脱出できそうにない沈黙の中へ入ってしまったのです。これ以前にも、かすかな怖れの感覚を起こさせるほど広大で、完璧に機能している沈黙に遭遇したことがあったことをお伝えしなければなりません。それは、永遠に呑み込まれ、さまよい、消滅する恐怖、意識を失って二度と戻れなくなるのではないかという恐怖でした。そんなときは恐怖をやり過ごすために、運命を神にゆだねる何らかの行動を起こしました。それは意志や思考を表すジェスチャーで、ある種の主観の投影です。こうすると必ず沈黙が破られ、私は次第に、通常の自己という安心した状態へ戻っていくのでした。ところがある日、そういかなくなってしまったのです。

私の住んでいた場所から通りをくだると海のそばに修道院があり、空き時間ができた午後に、そこのチャペルで一人静かに過ごすことが好きでした。その日の午後も特に普段と変わらない午後でしたが、またしても例の広大な沈黙がやってきたのです。私はいつものように、恐怖が湧き起こってその沈黙が破られるのを待ちました。ところが今回、恐怖はやってきませんでした。それを期待する習慣からか、恐怖がやってこないという事実からか、いくばくかの不安を覚え、緊張が走るのを私は感じました。それはまるで、恐怖が私に触れるのを待っているかのようでした。そのあいだ私は、自己（私自身）と不可知のもの（神）とともに断崖のような窮地の上に立たされたり、綱渡りの細い綱の上でバランスを取らされたりしているかのように感じました。恐怖は、自己と既知へ戻るための仕掛けにほかなりませんでした。今回は渡りきれるのかしら？　それとも、私自身へと引き返すのかしら――いつものように？　私には動く力も、選択する力もなく、内側には静寂と沈黙、静止の感覚があるのみでした。ですから、決断するのは私ではないとわかっていました。この沈黙の中にいると、待つことの恐怖と緊張がいつ自分から去っていったのかにも気づきませんでした。私はじっと、自分のものではない動きを待ち続け、それがやってこないとわかってからも、大いなる静寂の中にとどまり続けたのです。

　シスターがチャペルのドアの鍵をガチャガチャいわせていました。もう錠をおろす時間で、私は家に帰り、子供たちのために夕食の支度をする時間でした。昔はいつも、深い沈黙から急に抜け出すことが困難でした。そんなとき、私のエネルギーは最も引いてしまっている状態にあり、動こうとすると重量上げをしているかのように大変でした。けれども今回は、「立ち上がる」と考えることもなしに、ただもう「立ち上がって」いたのです。私はここで、ずいぶんと価値ある学習をしていたようで、もう風に漂う羽根のごとくにチャペルを立ち去っていました。外に出てしまえば、私のいつものエネルギーと思考する心が戻ってくるのだと、すっかり期待していました。けれども、この日の私は過酷な時を過ごす羽目になりました。引き続き、大いなる沈黙の中に戻っていってしまうようになったのです。家まで運転して帰るあいだは完全に意識を失ってしまわぬよう闘い続け、夕食の支度ときたら、山を動かすかのごとくに大変でした。

　それからのひどく疲れる三日間は、私を支配しようと毎秒おそってくる沈黙をかわし、目を覚ました状態にとどまるための闘いでした。最低限の雑用を成し遂げるにも、いちいち「私は何をしているか」を思い出さねばなりませんでした。「今、私は人参の皮をむいている」「今、私はそれを切っている」「今、私は鍋を取り出している」「今、私は鍋に水を入れている」……そうして結局、へとへとに疲れてソファに身を投げ出すまでそれは続いたのです。横になると、私はすぐに気を失いました。そんなふうにしているとしばしば、たったの五分が何時間にも感じられました。またあるときには、実際に何時間もたっているのに、五分しか過ぎていないように感じました。こうして気を失っているあいだは夢も見ず、周りの状況にも気づかず、どんな考えも浮かばず、体験もなく――まったくの無でした。

　四日目になると沈黙が和らいでいることに気づき、それほど努力しなくとも目を覚ましていられるようになりました。それで私は自分を信頼して、食料品の買い物に行くことにしたのです。何が起きたのかはわからないのですが、突然、女性が私を揺さぶって、「あなた、眠っているの？」と尋ねていました。私は何とか持ちこたえて、その女性にほほえみかけました。実はそのとき、自分がどうやってその店に入ったのか、ここで何をしようとしていたのか、まるでわからなかったのです。そういうわけで私は、もう一度初めからやり直さねばなりませんでした。「今、私はカゴを押している」「今、私はオレンジを探している」……。五日目の朝は、スリッパを見つけることがどうしてもできませんでした。でも、子供たちに朝食を用意しているときに冷蔵庫を開けたところ、信じがたいことに思わず笑ってしまうような光景が目に飛び込んできた、というわけです。

九日目、沈黙はかなりゆるやかになっていたので、もう少したてばすべてが元通りになると安心しました。日がたつにつれて、私はふたたびいつもどおりに動けるようになったのですが、何かが足りないことに気づきました。でも、それが何であるかは指摘できないのです。何かが、私のどこかの部分が、戻ってきていないようでした。私のどこかが、まだ静寂の中にいました。まるで、心が部分的に動かなくなってしまったかのようでした。私はそれを記憶力のせいにしました。最後に戻ってきたのが記憶力だったからです。そうなると、それがいかに単調で活気のないものであるかということに気づきました。旧式フィルムに焼かれた色のないスライドのようです。それは死んでいました。遠い昔の過去だけに限らず、現在の瞬間的な過去も同じように空虚でした。

何かを失うと、失ったものを回復させようとする習慣もまた、すぐになくなるものです。ですから、記憶が生命を失えば、あなたは過去を持たない者として生きるようになるのです――つまり、今という瞬間に生きるのです。もはや私は、純粋な必要性から、努力しなくともそうすることができました。他方ではひどく疲れるこの体験も、ひとつの成果をもたらしたのです。実用的な記憶力を取り戻した後にも、「努力なしに今という瞬間に生きる」能力はなくなりませんでした。けれども記憶力が戻ってみると、私は「何かが足りない」という当初の考えを重視しなくなり、心の沈黙している部分は、未知に対するある種の「没頭」なのだと結論づけました。私にとっての未知とはもちろん、神のことです。それはまるで、どんな行動にもさえぎられることなく、静かで大いなる不可知の存在に見入っているかのようでした。これは、初期の体験からもたらされたもうひとつのありがたい成果でした。

私の心の沈黙した部分（没頭）に対するこういった解釈は、一ヵ月のあいだ十分に有効でした。しかし、私はまたしても考えを変え、この没頭は実のところ気づきなのだ、これは特殊な「見方」だから、本当は何かが終わったわけではなく、むしろ始まったのだと思いました。何も失われてはおらず、「何か」がつけ加えられたのだと。ところがしばらくすると、この考えもしっくりこなくなりました。なぜかこれでは説明不足で、もっと他のことが起きているのだと感じたのです。それで私は図書館に行って、他の誰かの経験からこの謎が解けないかどうか調べてみることにしました。

そこで私が得た情報は、十字架の聖ヨハネ〔訳注　スペインの神秘主義者。アヴィラの聖テレジアとともに跣足（せんそく）カルメル会を創立。1542-1591〕の書でふれられていないことは、他のどんな書物にも載っていない、ということでした。私は聖ヨハネの書をよく知っていたにもかかわらず、その中に自分の体験したことに関する記述を見つけられませんでしたし、それは図書館のどこにも見つかりませんでした。けれどもその日の帰り道、渓谷や丘の景色を眺めながら坂をくだっている途中で、私は自分の視点を内側に切り換えてみました。そして、そこで見たもののために、思わず道の途中で立ち止まってしまったのです。いつもの、場所を特定できない「私自身の中心」がなく、私の内側はからっぽでした。これを見た瞬間、静かな喜びが堰を切ったように押し寄せ、私はついに、自分が何をなくしていたかを知りました――それは、私の「自己」だったのです。

まるで大きな重荷が下ろされたように体が軽くなり、私はちゃんと足が地面についているかどうかを確認してしまったほどでした。しばらくしてから、「もはや、私ではない。キリストが私の内に生きておられるのである」という聖パウロの体験について考えていると、私の内はこんなにもからっぽであるのに、そこには誰も入ってこなかったという事実に気がつきました。そこで私は、キリストは喜びで、今ある空《くう》そのものなのだと思うことにしました。人として体験する残りのすべてが、彼なのだと。数日のあいだ、私はこの喜びとともに過ごし、ときにはすばらしい気分になりました。そしてこの静寂を守る水門に驚嘆しては、「あとどのくらいもつのだろう？」としばしば考えたものです。

この体験は、私の黙想生活の頂点を極めるものであり、長いあいだ私を悩ませた、「どこまでが〝私〟で、どこからが神の始まりなのか」という疑問の終着点でした。何年もかけて、私と神を隔てていた境界線は薄れていき、もうほとんどそれは感じられないほどでしたが、それでも私の心は「神のものであるとはどういうことで、私のものであるとはどういうことなのか」という疑問の答えを渇望していたのです。ようやくここにきて、私の苦悶は終わりを迎えました。もはや、「私のもの」など何もなく、「彼のもの」だけになったからです。この喜ばしい状態の中で、私は残りの人生を過ごすはずでした。ところが、そのようなことは、神の計画にはなかったようです。それからほんの数日間、あるいは一週間ほどで、私の霊的人生のすべてが――今までの努力、葛藤、経験、それに人生の目標も――粉々に砕け散り、元に戻しようのない破片となってしまいました。そしてそこには何も、本当に何も、残されてはいなかったのです。

自身の空に対する喜びも衰えてきたころ、私は一人の時間を過ごし、空っぽの自己に集中してみることで、それをふたたび活気づけようと考えました。自己の中心はすでになくなっていましたが、そこにあった空虚感、静寂、喜びを呼び覚ませるのは神自身にほかならないと思ったのです。そんなわけで、あるとき私は静かに座り、快楽的な意図のもと、視点を内に切り換えてみました。ほとんど瞬間的に内なる空っぽな空間が広がり始め、それは急速に拡大していくあまり、今にも爆発しそうに見えました。それからみぞおちに、止まらないエレベーターに乗ったまま一〇〇あまりの階を落下していくような感覚をおぼえました。この落下のあいだに、私からあらゆる生の感覚が吸い取られていったのです。着地の瞬間、「個としての自己がなくなると、個としての神もなくなるのだ」ということを悟りました。両者がいかにかかわり合っているか、はっきり理解できたのです。けれども、両者がどこへ向かっていくかについては、まったく見当もつきません。

しばらくのあいだ、精神的にも感情的にも麻痺していました。いったい何が起こったのか、考えることもできませんでしたし、その疑問に対する何らかの答えがあるのかどうかもわかりませんでした。周囲はまったくの静寂で、この完全なる静寂の中、私は次に起こるべき反応、あるいは出来事を待ちに待ちました。しかし、何も起こりませんでした。私の中には生の感覚も、動きも、感情もなくなっていました。最終的に、もう私には「内側」というものすら存在しないのだと悟ったのです。

落下の瞬間から完全な「消滅」が起こり、私はもはや、生と呼べるいかなる感覚も保持していませんでした。私の内なる生、もしくは霊的な生は、終わってしまいました。内なる世界を見つめることが、もうできなくなりました。これから私は、外側のみを見るよりほかないのです。このときの私はまだ、この突然の出来事に続く重大な余波について、知るよしもありませんでした。私は本当に少しずつ、経験することによって学ばなければならなかったのです。私の頭では、何が起こったのかを理解できませんでした。この出来事も、その後に続くいかなる出来事も、私の既知の枠組みから外れていました。ここからは文字どおり、手探りで未知の道のりを進まなければならなくなったのです。

私がまず考えたのは、「また〝暗夜〟だなんて、もうごめんだわ！」ということでした。私は今までの神を失うような体験に慣れてしまっていて、この上まだそれが残っているのかと思うと、がっかりしてしまったのです。けれども、通常起こるどんな反応（不安や苦痛と呼べるような類い）も起こらなかったときに、この体験は十字架の聖ヨハネのいかなる記述からも完全にはずれてしまったように感じたので、そうした考えを捨て去ることにしました。しかも、この状態は私にとって何ら差し支えがなく、私は単に「今、ここ」にある現実、「内なる生の感覚がない」という現実に、対処さえすればよかったのです。

ですから、私は完全に目覚め、健康で、身体機能も正常なまま、明らかに生きてそこに座っていました。要するに、何もかもがいつも通りに機能していたのです——私が生を感じないというだけで。さあ、次は何をしたらいいのでしょう？　私は、早めに夕食の支度にとりかかったほうがいいだろうと考えました。ところがそうした途端に、通常の動作がすべて機械的に思え、突然自分がロボットになってしまったように感じたのです。私にはもう、個としてのエネルギーを付与しながら活動することができませんでした。雑用をするにも、それを支える生というものがなく、すべては機械的で、単に条件づけされた動作を繰り返すだけでした。

このような状態もしばらく続くと、それに「なじんで」しまい、次第にどこかで何がしかの生を見つけ出さねばという強い必要性にかられます。私は庭に出ると、あたりを見回しました。生がそこにあるということは、わかっていました。けれども、「感じられない」のです。私は盲目の人のように、庭中をうろつきながらあらゆる物に触れてみました。葉に触れ、花に触れ、手に触れた松の枝をつかんで、手の中を滑らせてみました。前かがみになって、土に両手を入れてみました。それから芝生の上に横たわって、手のひらを地面につけ、松の枝を見上げると、吹き抜ける風を感じてみました。そこにいるのはいい気持ちでした。何もかもがいつもと変わりありませんでした。たとえ私の内に生がなくとも、あたりには生が満ちていました。

夕刻遅く、日が沈む前に、困難な状況に置かれるといつも足が向かうある場所を訪れました。野鳥の保護区です。それは家からほんの数ブロック先にあり、そこを通る道からは、何マイルも続く海岸線と保護区の後ろに隆起する丘の美しい景観が楽しめました。いつもは、その道をほんの少し登ってみるだけでした。私が腰をかける切り株の先には、沼地があり、池に近づくにつれてどんどん泥と水で深くなっていきます。この池は川から別れてできたものであり、ここから川は海へと注ぎます。この日、私はいつもと違って靴と靴下を脱ぎ、保護区の真ん中まで分け入り、泥の中からわずかに顔を出した小さな岩のあるところまで登っていきました。背の高い葦と野草に囲まれて腰を下ろし、身を隠しました——文字どおり、私を取り囲みやがて覆い尽くした生の中へと沈みこんでいったのです。

ここにくると、いつも故郷に帰ったような気持ちになりました。ここは大いなる平和と神秘的な静寂の場所でした。人生の問題は考えることでは解決できないと、私は経験上知っていました。こうして野外にいて、現実の生の真ん中にただ居続けることが、適切なこととそうでないことを自動的に振り分けてくれるのです。ですから、家に向かうころには雑念が追い払われ、私の進むべき道ははっきりしていました。さらにまた、この特別な日に、私は今までのどんなときよりも「故郷」におり、くつろいでいることを確信しました。小さな岩の周りには生が満ちあふれ、それはあちこちに充満して、私の生の欠如を十分に補ってくれました。その日に起きた前の出来事がなかったことに思えたくらいです。間違いなく、私はこの不可解で分類し難い「生」と呼ばれるものに属し、しっかりと囲まれ、抱かれていました。たぶん究極的には、人は自分を構成している元素以外の何者でもないのだ、と私は考えました。そういった元素こそが、人の「生」それ自体なのだからと。なぜそうなのかは、よくわかりませんでした。私にとって、ただそこに在るということだけが重要でした。

翌週は、ほとんどの時間を野外で過ごしました。今の私にとって、屋内での生活はほとんど耐え難いまでになってしまいました。同じことの繰り返しばかりで生気がない上に、私には個としてのエネルギーが欠如しているので、最低限の家事をこなすことしかできなかったのです。けれども野外では、どこかで生が流れていました。平和に、無頓着に、未知のままで。このような場所にこそ、私はいたかったのです。そこで私は丘を、川岸を、海岸を歩き回り、色々な物を眺めながら、ただそこにいました。

私はこれまでずっと、周囲をよく見て観察し続けてきましたが、今回はいつもと違っていました。木々にも、野の花々にも、水にも、自分自身に対するのと同様、生を見い出すことができなかったのですが、それでも、あたり一面には生があふれていました。おかしなことに私の知性は、この「生」という不可知なものを分類し、特定の意味を与えようとします。そしてその欲求が満たされると、今度はそれを知識として用いることで盲目になり、「真の意味で安心している人」が所有している世界、つまり私がまもなく学ぶことになる世界から締め出されてしまいます。このときの私は、まだこの安心感を見い出すことができずに探している途中でした。あたりのすべてが自分自身と等しく空っぽに思えても、実際はどこかにちゃんと生が存在しているのだと、私にはわかっていました。だから今は、ただここにいて、その一部になりたいと思うだけでした。

海に面した断崖から、よくアザラシが昼寝している岩の入り江を一望することができました。この断崖には、風に吹きさらされ、節くれ立った糸杉の木が立っていました。ある日、保護区の警備員に「土の侵食を進行させてしまうので立ち去ってください」と促されるまで、ここはずっと私のお気に入りの場所でした。その木の、もはや成長の余地もない曲がりくねった根っこのあいだには、崖を美しく彩るどんな花も、タンポポの一輪たりともまったくつぶさずに腰をおろせる場所があったのです。

　大自然がついにその秘密を私に明かしたのは、まさにこの場所でのことでした。素朴で静寂に満ちた時の中で、私は、すべてがどうできているのかを理解しました。神、もしくは生は、何かの中にあるのではありませんでした。それはまったくの逆だったのです。すべてが、神の中にありました。私たちは海から分離可能な水のひとしずくとして神の中にあるわけではなく、それはまるで……私の思い浮かべる唯一の発想は、膨張した風船の一箇所をつまもうとすることです。もし、あなたが一箇所をつまんで切り離そうとしたら、風船全体が破裂してしまいます。そんなことはできないのです。あなたは、何ひとつとして神から切り離すことができません。分離という概念を手放すやいなや、すべては神と生という全体性の中に戻るのです。

　けれども、この仕組みを理解することと、説明することは別問題です。ひとつだけ確かなのは、私たちが言葉や定義、知性が固執するあらゆることにとらわれている限り、その仕組みを理解することは絶対に不可能であるということです。そして、私たちが生の本質に関する概念を超越してこそ初めて、本当はいかに自分たちが完全に守られているか、個としての生き残りをかけた戦いや自己防衛がエネルギーの無駄遣いであるかについて悟ることになるのでしょう。この洞察は、私の新しい扉を開いてくれました。私は物事を以前とは違うように見始め、何よりも、生を探してあたりをうろつくことをやめました。明らかに生はどこにでもあり、私たちはその中に存在しており、存在するもののすべてが生だからです。

ただ振り返ってみて、この旅で学んだレッスンについてふれたいと思います。それは、単一の洞察では、現実のいかなる変化を起こすにも十分でないということです。時がたてば、どんな洞察も自分の「通常の物の考え方の枠内」に浸透してしまいます。そして、そこに定着してしまうと、あらゆる洞察を汚染する傾向をもつ知性という環境の中で、その洞察は姿を消してしまうのです。ある洞察を恒久的な知識と理解にするための秘訣は、それにふれることでも、執着することでも、主張することでもなく、それについて考えることですらありません。洞察は、来ては去る性質です。それを留めておくためには、私たち自身が洞察とともに流れていなければなりません。そうでなければ、どんな変化も不可能です。ボールを投げたのだから、どちらの方向に走ればいいのかもわかる、と思うのは間違いです。おそらく、私たちの最もすばらしい洞察はこのやり方で失われてしまうのでしょう。私たちはそれを自分の通常の準拠枠（訳注　判断の枠組み）にとり落としてしまい、それ以上の発展はありません。けれども、ボールがやってきたときに本当に準備ができていれば、全くのはずみによって私たちは運ばれ、流れの中に身を置くことができます──それがどこに向かっていようと。私が今これをお伝えしているのは、私自身苦労してこれを学ばなければならなかったからです。何かがうまくおさまらなかったり、洞察が私の枠組みからはみ出してしまったりすると、私は必要以上の喪失感をおぼえました。つまり、自らの答えなき問いを探求することに費やした数多くの困難は、実はなくてもよかったのです。

個人の生にまつわるあらゆる感覚が失われ、自分自身の外に生を探し求めねばならなかったこの体験は、苦労を伴う学びの一例として挙げられます。内側に生を体験しながら四十何年も生きた後なので、これはとてもつらい時期となりました。先が見えず、何が起きたのかもわからないままに変容し、順応した時期だったのです。とはいえ、私は自分を助けるためにベストを尽くしました。私は聖体拝領者でしたので、聖体の入った容器を常に首から下げて持ち歩くことが、何らかの役に立つのではないかと思いました。内なる生と離れてしまってから、聖体拝領はもはや私にとって何の効果ももたらしませんでした。以前それは、私を神秘的な静寂の中に引き込んでくれたものでしたが、もうそのような変化は起こらなかったのです。たとえ何か変化が起こったにしても、静寂は十分にあり過ぎました。というわけで、聖体拝領でも内なる生の感覚を取り戻すことができないことに私は二重の混乱をおぼえ、自分の外にいる神を見つけるために、せめてそれを携帯してはどうかと考えたのです。

数週間後、この戦略は無効であることに気づきました。それは生の感覚も安心感ももたらさないばかりか、この状況に対していかなる変化も起こしてはくれませんでした。そこで、以前お話した糸杉の木の下で、私は聖体を食べつくし、すべてが神の中にあるのを見ました。神は、これまで考えたこともないほど近く、身近に感じられました。神の中で生き、神の中で歩んでいると気づくことは、個としての生がなくなってしまったという思いがもたらす喪失感を永遠に葬り去る比類なき発見でした。

少なくともこの出来事は（そしてこの本に書かれていない他のたくさんの出来事も）、通常の物の考え方の枠にしがみつこうとする私の相変わらずの努力と、しがみついているものを手放すまでは何も明かされないということを立証しています。つけ加えますと、数多くある観念の中で、私が手放さなければならなかったのはまさにこの「放棄する」ということでした。自己を神へ放棄したのは、私ではありませんでした。むしろ、自己を完全に放棄したのは神でした。そしてひとたび自己を超越すると、何もかもが去ってしまいます。私がこれだけは残るだろうと思っていた「それ」ですらも。

この洞察から一、二週間が過ぎたころ、私は修道士たちと、ビッグ・サーで行なわれる静修に参加しました。二日目の夕方ごろ、私は風の強い山腹に立ち、海を見下ろしていました。かもめが空に浮いたり沈んだり、風と遊んでいる姿が目に入ってきました。私はそれを、生まれて初めて見るもののように見つめました。私は、ほとんど魅了されているように見えたかもしれません。私とかもめのあいだにあるはずの分離はなく、まるで私自身が飛んでいるのを眺めているようでした。とはいえ、そこには単なる分離の欠如を超えた、本当に美しくて未知の「何か」が存在していました。しばらくして私は、修道院の裏手にある松の木で覆われた丘へ目を移し、ここでも分離がないことに気がついたのでした。そこにはただ、あらゆる景色や視覚の対象物を通過して漂う何かがありました。すべてのものが一つであることを目にするのは、特別な３Ｄ眼鏡をかけているようです。私はこう思いました。「なるほど、これがいわゆる〝神はどこにでも存在している〟というわけね」と。

　残りの一生をそこで立ちつくしたまま眺めつづけて過ごすこともできたでしょうが、しばらくすると、このような真実は出来すぎなのではないか、これは知性がでっちあげているもので、ベルが鳴るとすべては消え去ってしまうのではないか、という考えが頭をもたげてきました。事実、ついにベルは鳴り、次の日も、そのまた次の日もずっと鳴り続けました。それでも３Ｄ眼鏡はそのままで、知性のトリックと思ったものが、私の恒久的な物の見方、知り方になったのです。これを最適な表現でお伝えすると、私の世界全体がゆっくりと裏返しになっていくようでした。分離や個体性という相対的な物の見方が戻ってくることはなかったのですが、間違いなく、分離がなくなること自体に意味があるわけではありませんでした。この物の見方において重要なのは、すべての分離をなくす事象の中にある「それ」でした。

この新しい物の見方について先へ進める前に、「神がどこにでもいる」ということ、あるいは私の呼び方で「神の一体性《ワンネス》」を発見したことで、個としての内なる神を失った混乱の千倍分は埋め合わせがあったということをお伝えしておきたいと思います。私はまず個人的《パーソナル》な神を経験し、それから非個人的《インパーソナル》な神を経験する必要があったようです。それにより、神はそのどちらよりも近く、その両方を超越しているということがわかったのです。

神が個人の内側にある、あるいは非個人的に外側にあるという観念、体験は、単純に相対的な経験であり、自己と、自己が持つ特定の意識形態には適していません。しかしながら神は、私たちの知性と経験の相対性を超越しています。実際、神はあまりに近く、それゆえに居場所を特定することができないのです。けれども、この近さを経験することでそれに気づくならば、神は「どこにでもいる」という定義をまさしく理解することになります。つまり神はどこにでもあり（God IS Everywhere）、真に存在しているすべてに宿っており、私たちがどこを見ようとも、神でないものを目にすることなどないのです。ですから、真実はこうです。神は人格的でも非人格的でもなく、内にあるのでも外にあるのでもありません。全般にどこにでも宿っており、ある決まった場所には宿っておりません。簡潔に言うと、神は真に存在するすべてに宿っています――言うまでもなく、ありとあらゆるものすべてにです。ただし、自己だけは除いて。

私は明らかに、何らかの形で生活様式を変える必要に迫られていました。少なくとも当分のあいだ、身の周りのこまごまとした事柄や喧騒に合わせることができなくなっていました。たびたび起こる大混乱の中心に立って指示を出し、家族を率いるのに不可欠だったエネルギーは失われてしまい、四人のティーンエイジャーの母として私が持つ効力は著しく低下し、ゼロになってしまいました。もはや自己という機能が人生劇を取り仕切ってはくれないので、通常の防衛メカニズムは働かず、何かに対処するという責任は全部、肉体だけにまともにのしかかっていました。いらいらしたり、怒ったり、不安になったりといった類いの感情を持つことはありませんでしたが、それにしても、仮に今まで通りの生活習慣を続けなければならないのであれば、それはずっしりと重い重量を持ち上げるようなものだと感じており、そんなことは無理だと思いました。

私の下に敷かれていた敷物（私の「自己」）が引き抜かれてしまってから初めて、私はいかに自分が肉体ではなく、心や感情の持つ影響力に依存しきっていたかを知ったのです。私たちは、次々とやってくる終わりのない巧妙なエネルギーに取りつかれているようです。そして、そのエネルギーが立ち去るまで、そのことに思い至りません。後に私は、これらのエネルギーがどんなものなのかをはっきりと知ることができました。それは、自己がなくなることを避けるための自己自身の防衛エネルギーです。この時点では、いかなるエネルギーも経験せずに生きるということを学ぶために、長い時間を費やしました。こういった生き方を学ぶことは、まるで人生をもう一度始めからやり直すようなものです。私はこうして体験を回想することで今それを理解していますが、当時は突然手足の力を失った人のように混乱し、手探りの状態に陥っていました。

私には、邪魔されない静寂と、自然と接触するための一定の時間が必要なようでした。私にとってくつろげる環境で、生命の流れと一つになれる場所はそこだけだったからです。結局私がとった行動は、キャンプ用具一式をまとめ、シエラ山の森に向かうことでした。そこで私は、雪が降って山を下りなければならなくなるまでの五ヵ月間を過ごしました。

私は、時間、思考、感情、感覚、そして自己のエネルギーも一切ない新しい存在の在り方を学ぶために山に入りました。これからどうなるのか、まったくわかりませんでした。とにかく行って、見つけなければと思ったのです。多大なる発見があったこの冒険についてはいくらでも話すことができますが、次のように要約できると思います。山へ行くまでは、私は真の意味で生きたことがありませんでした。それまでの私は、人生の中の一日たりとも生きてなどいなかったのです。私は疑いようもなく大いなる流れの中にいました。あまりにも完全にそれと一つになったので、いかなるエクスタシーも、至福も、愛も、喜びも、このような存在のシンプルさ、清澄さ、一体感に比べると色褪せてしまうのでした。

森での生活は、いいかげんさ、怠惰さ、気楽さなどとは無縁でした。むしろすべてが活気づき、完全に目覚め、ダイナミックで知的でした。それは自由な生活とは違いました。大いなる流れがその独自の方向へと導き、すべてを巻き込み、それからどうなるかということは少しも重要ではないのです。流れの外へ出たり、少し休んだりするような時間などありませんでした。つまり、一切の無駄がない生活だったわけです。

この山ごもりで解きたかった謎のひとつは、「あらゆるところに〝一体性《ワンネス》〟を見い出している、これは何者なのだろう？」という私の疑問に関する答えでした。私のこの疑問をもっとわかりやすくするために、修道院の山腹での出来事以降の数週間に戻ってお話ししましょう。

私は徐々に、物の見方の変化に気づき始めました。最初は漠然としていて大まかだったのですが、花や動物、誰か他の人、あるいは特定の何かに視覚の焦点をあてると、ゆっくりとその個体性が薄れ、漠然とした一体性《ワンネス》になってしまうということに間もなく気づいたのです。対象物の特徴は、私の心の中で失われてしまうのでした。もちろん、実際の視覚には何の変化もなく、変化は単に知覚の仕方にありました。私はこのことが起こるまで、いかに自分が視覚対象の個体性を当然と思っているかということなど考えてもみませんでした。けれども今は、３Ｄ眼鏡を取りつけられたことにより、心がいかなる個体性を知覚することも、保つこともできなくなってしまったのです。どの表現が最適かわかりませんが、あらゆる視覚対象は心から消え去り、何か他に取って代わられるか、あるいは「透けてしまう」のでした。さらにつけ加えると、私はこの変化の仕組みを知覚レベルでは理解できていませんが、それでもこの変化は旅全体の中で最も重要な出来事のひとつであると言うことができます。これは恒久的で不可逆な知覚システムとして続いている上、私の最終的な「物の見方」にたどり着くのにも必要不可欠でした。

　この知覚の変化は本当に驚異的で、他に類を見ない体験なのですが、ここでもう一度、それは観察対象の個体性が失われるからではないということを強調しておきます。驚異的なのは、すべてが交じり合い、その中に一体となって消えていく「それ」なのです。このとき私は、「それ」を「一体性《ワンネス》」と呼んでいました。もちろん、「神」と呼んでもかまいません。

　私は「神」という言葉を使うのに、いつも抵抗を感じます。というのも、みなが個人の狭い規定枠から踏み出す能力を完全に曇らせていて、すっかり停滞しきった自分独自の神のイメージや定義を持ち歩いているように思えるからです。いかなる内容であれ、私たちが「神とは何か」という概念を持っているのなら、自分が成長し、変化するにつれてそれもやはり変化し、拡大していくはずです。拡大し、広がり、花開くこと。これはまさに私たちの生の本質です。花々が光に向かうために完全に後ろ向きになるように、ときには私たちも、「そこに何があるのか」を知るためにぐるりと振り向かなければならないことがあります。私たちはどちらの方向を向いたらよいかわかっていないので、花が朝日を待つように待っていなければなりません。そして努力したり、抵抗したりしなくとも光の方向に引き寄せられるのです。究極の真実を知りたいと望むなら、定義づけたり制限したりすることはできません。脳はこの種のデータを処理できるようにはつくられていないからです。つまり、私たちは言葉を単なる人間が経験する事柄の描写として、その本質を実際には知らないものとして捉えなければならないのです。私に関して言えば、対象が生物であれ無生物であれ、見つめたもののすべてが一貫して同じ真実の姿を現しました。だからこれを「一体性《ワンネス》」と呼びました。他の誰かが別の呼び方を好んだとしても、それはそれでかまいません。「それ」を見たということだけが重要なのです。

この物の見方で不思議なところは、私が自分の周囲にある対象物に集中しているあいだ、どうしても自分自身に集中できないということです。それは、鏡を使わずに自分の目を見るのと同じくらい不可能なことです。この理由から、私は自分以外のすべてのものを「一体性《ワンネス》」を通して外側から見ている観察者になったように感じました。この一体性《ワンネス》の一部にも、宇宙の一部にも私は含まれていないみたいでした。実際、どこで自分が経験をしているのかもまったくわかりませんでした。体があるにもかかわらず、私に残されたのはこの「物の見方」のみで、これすらも本当のところは私に属していなかったからです。私の視点は私の精神的、身体的な構造のいずれにもなく、私の頭の頂点か、その少し上のあたりにあるように思え、それは額の前面を覆っていました。私はこの物の見方を、新たな次元の視点という意味で「すばらしい眼鏡」であると言及してきましたが、実際にこれが通常の心や肉体の外側にあることは間違いありませんでした。

　この「物の見方」の本質を探っていくうちに、私は人間の大元の意識にある概念、すなわち私たちが始めから持っているある種の意識に行き当たりました。私はかつて「児童の発育」を学んだ者として、幼児は非相対的な意識を持っていることを知っていました。幼児には、主体（自分）と客体（対象）のあいだに区別がありません。結果として、自己という概念がないのです。さらによく知られているように、幼児は考えるということをしません。まだ意識がまっさらで、思い出すべきことがないからです。つまり、誰もが内省や自意識という種類の心を持たずに生まれてくるのです。私にはこのことが「物の見方」の適切な定義であるように思えます。つまり、大人にとって「見る」とは、原初の意識の形に立ち返るということなのかもしれず、意外にもこの意識の形が、実生活での通常の行動を妨げることはないようなのです。したがって、原初の意識に戻っていく過程では、私たちはいかなる自己意識も持たずに生きるということを学ばなければなりません。おそらく、自己意識こそが生涯を形造っているのであるとしても。この軌道修正は容易ではありませんが、それをやり遂げることを想像すれば心が躍りますし、さらにすべての人が元々あるべき姿で生きられるようになったらと考えるとよりいっそうわくわくしてきます。

それからしばらくのあいだは、人間の原初意識というこの発想が「物の見方」の本質を明確にしていると思っていました。ところがある日、私はこの結論の盲点に気づいたのです。この「物の見方」には自己意識がないはずなのに、それ自体が主体となって「一体性《ワンネス》」を見たり、客体を構成したりしているという点です。私から見て、見ることと「一体性《ワンネス》」のあいだにある区別は歴然としており、そこにはいかなる同一性もありませんでした。ということは、見る者（観察者）は見られているもの（観察対象）と同一ではないということで、たとえ「ものを見ている自己」が存在しないのだとしても、私はただちに純粋な相対性の在り方に戻されてしまいます。このことは、幼児の意識が内省的ではないにしろ、実際に何らかの相対性を持っているということを示唆します。いずれにせよ、私にはこの「見ている者」と「一体性《ワンネス》」のあいだに、いかなる関連性を見い出すこともできませんでした。それは以前にも述べたように、両者が完全に異なり、分離していたからでした。

数ヵ月後、この関連性について同じ疑問が話題に上ったのですが、その答えを考えているうちに、「原初意識」「ものを見ること」、そして「一体性《ワンネス》」といった概念が窓から漂い出ていって、山を越え、海を越え、視界の彼方へと消えていったように思えました。そんなわけで、見る者と見られる者の疑問については、結局のところ答えのないままでした。けれども私が今お話ししていることがあった当時は、その疑問についてまだ考え続けていました。何しろ私はたっぷり九ヵ月余りのあいだ、あちこちに見られる「一体性《ワンネス》」に焦点を合わせることのできる素晴らしい眼鏡をかけ続けていたのですから。そして、私にとってはこれが「旅路の終着点」だったのです。

とはいえ、心が条件づけされる前の幼児が実際に何を見て、何を知っているのかということを推測するのはとても興味深いことです。併せて動物の物の知り方について、人間が終わりなき生存競争のあいだに失ってしまった何かを彼らが知っており、それを見ている可能性を考えてみるのもおもしろいかもしれません。人間や宇宙を構成している元素それ自体の中に、どんなに大いなる知性――つまり意識をまったく持たない知性――が閉じ込められているか、誰にもわからないではありませんか？　ひとつだけ確かなことがあります。私たちの「合理的な思考」では、決して答えにたどり着くことはないということです。私たちの合理的思考はそれ自体限定された道具であり、あまりに長いこと継続して自己に仕えてきたので、自己の関心事を超えて先へ進むことができないのです。

「一体性《ワンネス》」を見ているのが何者なのかを突き止めることとは別に、そこにはまだ「自己がなくなってなお残っているものは何か」という未解決の疑問が残りました。歩き、話し、「一体性《ワンネス》」を眺める目に気づいているもの、それは何なのでしょうか？　それがあるということは明らかでしたが、私にはまったくの謎であり、満足のいくいかなる解釈にも達することができません。「一体性《ワンネス》」の意味はわかっても、それを見ている「目」について特定できないのです。これは、自己をなくした後に残っている何かについても同様でした。したがって、「一体性《ワンネス》」、それを見ている目、自己をなくすこと、これらのあいだにあてはまる相関性などないように思えたのです。

このように持ち上がってくるたくさんの疑問に関する唯一の解決策は、究極的に「時間」なのだということに私は気づきました。「時間」は「変化」を意味します。変化のプロセスでは、私の当初の疑問もまた変化するか、消えていき、そうでなければプロセスの中で解決されていきます。私はすでに、考えることは変化をもたらさないということを学んでいました。そんなわけで、こうした疑問を解く際には、考えることは私に何の利益ももたらしませんでした。けれども、疑問は必然的に浮かび上がってきます。私はすぐに、答えを急がないことが大切なのだと学びました。

私の体験についても同様のことがわかりました。私が自分の体験に何らかの価値や意味、目的を授けるやいなや、その早急な帰結自体が体験みずからの真価を失わせてしまうのでした。特定の価値を何も付与しなかったときにのみ、私はその虚実を見分けることができました。偽りは永続することがありません。自ら滅していきます。それに対して真実は残ります。真実は、来ては去るという性質であり、それらに自分の価値や考え、感情を付与しているうちは、そこに真実があるかどうかを見分けることはできません。真実は、一切の体験がなくなった後に残るものだからです。

このことは私が山で学んだ教訓のひとつでした。内側(あるいは自己)からのいかなる動きも、反応も、応答もなければ、すべての体験は他人事になっていくということを私は学びました。まるで私は、人生の相対的な側面を外から観察する者になってしまったかのようでした。私は、条件づけされた習慣からこの側面に参加し続けると同時に、生の流れという不可解な現実、すなわち真実の生にも参加していました。自己を超越すると体験の相対性は失われるようです。反応を示すことのできる「内側」も存在しなければ、価値や意味、その他諸々を付与するために体験を保つ機能も存在しないからです。つまり、体験が何とも関連づけられない場合には、その相対的な側面は失われるのです。自己が存在しないと、体験も存在しないように思えるのはこのためです。動き、感覚、興奮その他、自己の有していた幾千に及ぶ反応がなくなります。そしてこのときに初めて、どんな体験も非相対的な性質を帯びるようになり、体験はいわば、ただ「それ」以外の何物でもなくなるのです。

言葉で説明するのは難しいので、どうやってこの理解に至ったか、ひとつの例をお話ししましょう。これから述べる体験によって私は、自己を持たないことと、どんな不思議な出来事にも気をとられないことの重要性を実感しました。

私のキャンプ地の北東部にはなだらかな斜面があり、小さな草地に続いていました。その草地を横切ると低地に向かう急な下り坂があり、その坂のてっぺんからは、半マイル先の湖から地下を伝って流れてくる水流が噴き出していました。その流れの放水口の付近に立つと、所々を野草に覆われ、岩や木々を散りばめた周囲の丘や渓谷を一望することができました。またこの渓谷の東側には、背が高く堂々とした頑丈な岩山があり、日没の際にはそれが赤く染まるのです。地元の人はこの山を「雷山《サウンダー・マウンテン》」と呼んでいました。

私はよくその場所に行って、景色を楽しむだけでなく、水を飲みにくる動物たちを眺めていました。けれどもこの日は、薪を集めにきたついでに休もうと立ち寄っただけでした。水流は特に変わったところもなく、私は渓谷を眺めるために立ち上がり、何を見るとはなしにぼんやりと眺めていました。と、そのとき、渓谷を覆う空気の一部が妙に濃くなっているのに気づいたのです。それが何であれ、それ自身をあちこちから一箇所に呼び寄せており、そうして集まりながら通り道にあるすべてのものを破壊しつつ外側へ拡張していました。同時にそれは、ほとんど電気的と言ってもよいほどの高い震動を起こしており、そこから発せられる磁気的な引力が私の体を吸い寄せようとしていました。最初ちらりと見たとき、それはいつもの「一体性《ワンネス》」に見えました。しかし、激しさを増すにつれ、何か別のもの、私のまったく知らないものであると気づきました。「一体性《ワンネス》」は、常に形のあるものを媒介して現れます。たとえこれが「一体性《ワンネス》」であるとしても、今や媒体を持たずに何千倍にも膨らんでおり、その倍率たるや測りきれません。真実が何であれ、この拡張の通り道につかまってしまえば、塵のようにその中へ呑み込まれてしまうのだということがわかりました。これでおしまい、と思いました。自己をなくした後に残っていたものの正体が何であれ、それももう残ることはないでしょう。あと一秒もすれば、光が消えてしまうのですから――この驚異を見つめている眼光も永遠に失われるのです。でもどういうわけか、そんなはずはないと私は知っており、しかし、かといってここでできることは何もありません。そこから目をそらすこともできず、他に見る場所も、移動するためのエネルギーもありません。内側ではすべてがじっと静止しており、いかなる反応も、思考も、感覚も起こりません。いったい、どうすればよいというのでしょう。

塵と砕ける間際に、何かが起こりました。体がひとりでに向きを変え、ふたたび体勢を立て直すべく、森と木のあるほうへ向かっていったのです。それで私は歩み続けましたが、いくらも行かないうちに座り込んでしまいました。体は弱りきってがくがくと震えていました。私はここに来てもまだ、体がばらばらになって砕けてしまうのではないかと思いました。

この体験は私が山にいるあいだに何度も起こりましたが、何度体験してみても、その「向きを変える」仕組みがわかりませんでした。ある方向へ強く引っ張られているのは私にもわかるのですが、自分ではそちらへ引かれていくことも、向きを変えることもできないのです。それにもかかわらず、最後の瞬間には必ず、体がひとりでに向きを変えるのでした。つまり、体はそれ自身力と知恵を持っていて、奇跡の体験を通して、私に大いなる神秘を垣間見せてくれたのです。

この体験をどう解釈したらよいかいまだにわかりませんが、それに遭遇するたび、私は「もうおしまいだ。光は永遠に失われてしまうのだ」と思いました。それは以前に経験したような、完全な意識喪失状態を指していたのかもしれません。そこにあるのは絶対的な無です。単なる自己喪失と違い、より完全なる消滅です。では、それが何を表しているのかというと、私にはまったくわかりませんでした。

光を失うことなく、その激しい引力の中へ入っていける「大いなる強さ」の必要性を感じましたが、いったいこの「強さ」とはどんなもので、どうすれば手に入るのでしょう？　おそらくそれは、神の中へ入っていくための「ヴィジョン」に耐える強さだったのではないかと思います。とはいえ、私にも定かではありませんし、神と直接対面してもなお人が生き続けられるかどうか、想像することができません。そんな条件を突きつけられては、人は落胆して身をひるがえしてしまうかもしれません。いずれにせよ、私をこれまで導いてくれた何かが、この道を達成する強さも与えてくれるだろうと思いました。自分の日記の中では、私はこの体験を「ドアに入ったひび」と呼んでいました。

第4章

その年は例年より早く雪が訪れました。二日間続いた吹雪が過ぎ去った夜、私は雪だけがもたらすことのできる大いなる沈黙に耳をすませようと目を覚ましていました。吹雪は雪の足跡を残し、木々や周囲の山々をすっかり様変わりさせ、私はまるで一度も訪れたことのない新しい土地にいるかのようでした。数日のあいだ、道路は積雪のために封鎖され、雪はいくらか溶けはしましたが、そのころ黒く重い雲が木々の上に垂れ込めました。森林警備員の車がやってきたときには、私はもう何を言われるかがわかっていました。

警備員はときどき、動物の情報を交換するために立ち寄りましたが、そのたびに、山に長居しすぎて「掘り起こす」はめになった誰かの話をすることを忘れなかったのです。もう次の降雪が迫っていたので、道路が凍ってしまう前にここを出なければなりませんでした。そうでないと私は山に閉じ込められてしまい、今度という今度はどのくらい長くここにいることになるかわからないと言うのでした。

　そこで私は荷物をまとめ、森の友人たちのために窪みや穴の中へ余った木の実を詰め込み、そこに立ち尽くして最後の景色を眺めました。私の人生の最良の時期が終わりを迎えたこと、そしてそれは始めから避けられなかったことは知っていました。これから何度も私はこの場所に戻ってくるでしょうが、この場所がずっと同じままということはありえません。生の動きの本質は、満足感や安心感ではないことをとうの昔に学んでいました。それは成長、変化、挑戦であり、外の状況は、「生の流れ」の推進力が瞬間ごとに必要としている様相の反映に過ぎないのです。山を下りたらどんな発見が待っているか、知る由もありませんでしたが、私がここで見つけた「流れ」をふたたび変えられるものなど存在しないとわかっていました。それは、「行くべき所どこへでも」私を導き続けるはずでした。

　私の最初の目的地は、海を見渡せるキャンプ場でした。景色はこの上なく美しいというのに、私はその環境を楽しむことができませんでした。というのも、３Ｄ眼鏡を通して見える対象物にかすかな変化が起きていることに気がついたからです。今やあらゆる物は、すべての分離を溶かす「一体性《ワンネス》」ではなく、不可解な空虚の中へと溶け込んでいました。何ヵ月ものあいだ「何か」があったその場所に、今では無が広がっているのです。やがてこの空虚は、それとともに生きるのは困難と思うまでに増大し、大手を振るようになっていました。「内なる」生をなくし、内側からのかすかな動きも感じられなくなってから、私にとって「見ること」は生きることそのものでした。私はすっかり見ることに依存しており、それなくしては頼るものは何もないという状態でした。

とはいえ、変わることなく続く空虚という光景がいかに退屈で耐え難いものであるとしても、ある朝私が海岸を歩いていて出くわした出来事に比べれば無に等しいでしょう。私は突然、自分を取り巻いているすべての生が完全に停止していることに気づいたのです。どこに目をやっても、生の代わりに恐ろしい無を見ました。それは私の視覚に映るあらゆる対象物や景色から生を侵略し、押さえつけていました。世界は狡猾な空虚によって死に至るまで喉をしめつけられ、そこに残っている動きという動きは最後の苦痛の叫び声をあげていました。突然撤退した生は、自身の通夜として死の光景を残したのでした。死、そして崩壊はあまりにも醜悪で、見るに耐えないほど恐ろしく、私はこう思いました。「こんなものを見て生きていられる人なんかいないわ！」私の体はその場に凍りついてしまいました。

とっさの反応は、見たものを避けることでした。自分の目にしたものに対する何らかの説明、あるいは意味を見つけ出すことで、そのヴィジョンを追いやろうとしたのです。言うならば、それを合理化しようとしました。けれども、私がそんな防衛に取りかかるたび、突如頭に降りかかる一撃のごとく、「私はいかなる武器も持っていないのだ」という気づきが深まっていきました。同時に、この防衛こそが「自己」と呼ばれるものだと理解したのです。絶対的な無や、生のない世界、神のない世界を目にしたときに人を防御する仕組み。自己がなくては、このような受け入れ難いヴィジョンに対し人は無防備です。

もはや、いかなる防衛もできないと悟ると、私は何らかの反応、特に内側からの恐怖の動きがやってくるのを待ちました。どういうわけか、恐怖が生まれれば自己がすべての武器を手にして蘇るとわかっていました。あらゆる発明の母である恐怖が自己を確立する核であることはすでに明らかで、自己の生命は恐怖に依存しており、それらは分けられないものでした。けれどもどんな反応も、恐怖の動きもまったくやってくることはなく、私はこう結論づけました。自己はその身動きのとれない状態、死、無力さに完全に気づいており、私の中で凍りついたまま葬り去られたのだと。私はうっかり、この恐ろしくも取り返しようのない「自己のない」状態におびき寄せられ、罠にかかってしまったのです。一度なくした自己がふたたび戻ってくることは決してありません。したがって、感じることのできない恐怖に囲まれ、そこから逃げることもできないままに、私は丸腰で恐ろしい無を見つめ続けるという状況に取り残されていました。

このときまで、私の関心は自己をなくした後に残るものに向けられていて、自己そのものに注意を向けることはありませんでした。前年なくした自己がいったいどこに行ってしまったのか、考えることもなかったのです。自己が消滅して以来、私はそれを超越した「一体性《ワンネス》」と出会い、すばらしい解放を味わっていました。けれども今あるこの沈黙は、自己からの解放というよりも、自己が囚われの身となってしまったようでした。狡猾な無はすべてのものから生を締め出し、凍りついて身動きのとれない自己もまた、その光景の一部、無の一部になってしまったかのようでした。こうして私の体はこの場に凍りついてしまっているというのに、どうやってこれ以上生き延びられるというのでしょう？

　唯一の頼みの綱は、自分の二本の足でした。凍りつき、身動きがとれないと感じていてもなお、二本の足で走ることはできるはずでした。個人の意志と関係なく体を動かすにはどうしたらいいか、すでに学習済みでした。瞬間的に、考えることなく、自覚も意志の力も使わずに行動するのです。今回もそれはうまくいきました。私は砂浜を駆け下りていきましたが、自分ではない別の何かが一緒に走っているかのようでした。それは私をせき立て、肉体の持久力を超える力で私を後押しし、「走りなさい！　全力で走りなさい！　命がかかっているのですよ！」と言っているようでした。私はそれを信じました。

私はジョギングすらしたことありませんでしたが、崖を上るような険しい道のりを含んだその二マイルを駆け抜け、車のもとにたどり着いてもなお、疲労感を感じませんでした。私は車に飛び乗るとダウンタウンまで運転し、大きな交差点のそばにある駐車場に止めました。残りの一日はそこで歩き回り、人波にまぎれて過ごすことにしました。そこにいるのはいい気分でした。

学生街でしたので、ダウンタウンは若者であふれかえっていました。歩道の角にはジャズバンドが大音量で演奏し、その先のトリオの演奏はもう少し控えめです。さらに先ではバイオリン弾きが、快活なアイリッシュ調の曲を奏でていました。ハロウィンの突飛な飾りつけが施されたショーウィンドウに、混みあうカフェ。本屋だけは図書館のように静まりかえっています。私はこういう場所には長居せず、うるさいカフェに入ってビールを注文しました。そこに座ってあたりの人々を眺めていると、自己があるのもないのも似たり寄ったりだな、と思いました。ひとたび自己を超越すると、当初の私がそうだったように人はすばらしい「何か」に遭遇するようですが、同様に、あの絶大な「無」にも遭遇するわけです。自己を脇へ押しやることは、その先に何が待っているかを知りもしないのに急いで武器を捨ててしまうような、まったく気違いじみた危険な行為です。自己がないと、良い前兆の訪れにも悪い前兆の訪れにも、人はまったく無防備になります。周りにいる若者を見ていて、彼らが自己を持っていることをうれしく思いました。事実、私が全人類のために望む最高の祝福とは、自己を持つことでした。自己があれば、誰も私の見たもの、すなわち「それを見ては何者も生き永らえないもの」を見ずにすむからです。

私については、もちろん、もう遅すぎました。今回は生き延びましたが、明日もそうとは限りません。幸運なことに、私は先のことも考えられないし、これ以上どんな間違いが起こるのかなどと想像することもできませんでした。代わりに、自分をこんな袋小路やひどい窮地に追い込むような過ちを、過去のどこでつくってしまったのかを見極めようとしました。私の思いつくことといえば、神を信頼しすぎたということだけでした。でも、本当にそんなことがありうるのでしょうか？

私はよく、自分を神に明け渡しすぎるとか、人の超えてはならない限界があるとか、そういうことがありうるのだろうかと疑問に思ってきました。神という未知なるものに出会うために、果たして私たちは自分の心や記憶、存在のすべてを明け渡し、知っていることを全部失わなければならないのでしょうか？　試練や苦悩を受け入れる意味で自分の意志を明け渡すのと、自分の意志やエネルギーをまったく持たなくなるのとでは、大きく話が異なります。自己を神に差し出すことはたやすくとも、神がそれを実際に受け取ってしまうのは恐ろしいことです——今の私がそうであるように。問題は、私が自分自身をよく知らない「何か」に明け渡してしまった上、その結果も当然未知なるものであることをなぜか予測できなかったという点です。それで、私がこの窮状に納得するには、こう思うしかありませんでした。自分は今まで自身を神にゆだねていると思い込んでいただけで、現実には無に自分を明け渡していたのだと。ええ、本当にそうであるならば、神を信頼しすぎるということもありうるのです。つまり、神は存在せず、自己を超越するものなど何もないというのなら。

　けれども、神が存在しないなら、私はずっと自分自身を信頼し続けてきたわけです。どちらがより悪いのでしょう？　このことを考えると、なぜだか、どちらにしても同じ結論にたどりつくのです。もし、神も自分もどちらも信頼できないのだとしたら、そこには何が残るのでしょう？

　これこそが真の疑問でした。自己も神もないのなら、そこにあるのは何？　私は、まさにこの「そこにあるもの」を目にしましたが、それも受け入れることができませんでした。完全な無の中には、いかなる至福もありませんでした――サルトルでさえ、吐き気を催すような無、と表現しています。煎じ詰めると、結局私たちが人生の中で唯一信頼できるものとは……お金でしょうか。

　自己があってもなくても、信念があってもなくても、人は生きるためにお金や物を必要としています。これはおそらく、自己や神が存在しないということの究極の対価でしょう。私たちは自己の貪欲さを非難しますが、自己はまったくそんなふうではないのかもしれません。物質主義とは自己から発せられるのではなく、自己を超えた先に横たわる無から発せられるのかもしれないのです。自己も神もないのだとしたら、私たちの人生を経済的に確かにする以外、何ができるというのでしょう。私自身は、この金銭ゲームに早いところかかわってしまうほうが、あとでより楽になると思っていました。とどのつまり、私たちがどんな最悪の経験をしようと人生は流れていくのですから。

そうはいっても、キャンプをしていたころに話を戻すと、私はこんなに楽天的ではありませんでした。私はめちゃくちゃな人生のさなかにいて、めちゃくちゃな日々をつくり出している「今、ここ」という現実に対処していました。起きたことを忘れるためにわざと忙しくして、海岸から遠ざかっていました。もはやその場所に生などなかったからです。私がまず何とかしなければならないのは、「凍りついた自己」でした。たとえるならば「氷の指」のような未知の恐怖と不安の概念そのものが、心の働いていないときには表に出てきてしまいました。この「氷の指」は、一時的な休止状態にあって至近距離まで近づいてくることはないように見えても、常に心の奥に潜み、いつでも表に出てくることができるのだということを私は知っていました。このとき私は、自分の人生が内なる「不動の静寂」の強さにどれだけ完璧に依存していたかを悟りました。かすかな恐怖やパニック、そしてあの頭の中にひらめく閃光のような「氷の指」がやってくれば、私の全存在が侵されてしまい、狂気に陥ってしまうことはわかっていました。けれども私はこの静寂をコントロールできないばかりか、今や静寂は私自身ですらなく、「かつて自己であったもの」に過ぎないのでした。したがって、私の命運はこの内なる静寂と、突然、心に現れる未知の恐怖とのはざまで危ういバランスを保っていました。

　この二つの対立をできる限り避けるため、前にも述べたように私は忙しくしていました。四人も子供がいれば、これはたやすいことです。子供たちの起こすケンカ、散らかった部屋、うるさい音楽、そういったものすべてが、結果として一度ならず私の命を救ってくれました。子供たちはいつも、私の足が地に着いていて、仕事に専念できるようにしてくれたのです。少なくとも今は、子供たちのそばにいるということだけが私の関心事でした。結局、まもなく始まるビッグ・サーの修道院での静修〔訳注　祈りと黙想〕はキャンセルすることにしました。孤独と静寂だけは、どうしても避けたかったのです。そこで私は修道士に電話を入れ、私の車ではそちらの急な坂を登りきることはできないと伝えました。すると修道士は笑って、「それじゃ、この坂を登ってくる車を見たら、あなたは奇跡を信じなければなりませんね。登れなかったら、途中に車を置いてくれればいいのですよ。E修道士があなたをお迎えに上がりますから」これで話はついてしまいました。私につきまとう「氷の指」について、彼にどう説明したらいいのでしょう？　そんなことを言えば、彼は修道院に来る代わりに病院へ行くようすすめるに決まっています。

当日、海岸線を下って運転していると、ビッグ・サーは激しい嵐に見舞われました。フロントガラスの前方が見えなくなってしまったので、二度も車を止めて、この天気が小康状態になるのを待たなければなりませんでした。二度目に車を止めた後、次に電話のあるところで今日は無理であると電話しようと思いました。坂の下でもこれだけひどい状態なのですから、坂を登るのなんて無理に決まっています！　ところが、悪いことに嵐は急に撤退し、私が到着するころには修道院のふもとは晴れ渡って美しく輝いていました。

　そこで、郵便物を受け取るために毎日昼ごろ、ふもとに下りてくるＥ修道士を待つことにしました。坂を登るときに後ろからついてきてもらい、トラブルが起これば助けてもらおうと思ったのです。しばらくすると、Ｅ修道士が到着したので、修道院が近所の農場主に分けている豚のエサを車から下ろすのを手伝うと、彼は私に後ろからついてくるように言いながら、自分の車に乗り込んでしまったのです。しかも、「これで万一あなたに何かが起こったとしても、少なくとも私は無事に上に行くことができます」と言い残して！

　初めはすべてが順調に進んでいましたが、いちばん坂のきつい地点に差し掛かったところで、何を思ったのか、突然Ｅ修道士が車を止めて私のほうにやってきました。しかも、そこの右端に止めてあるトラクターにのせてある刃を新しいのと取り替えたいからちょっと待ってほしい、と言うのです。私は自分の車のブレーキもサイドブレーキもどれくらい持ちこたえられるかわからなかったのであわてて、「先に行かせてください」と叫びました。しかし今さらどうやって車をどけることができるでしょうか。道の両側は急な斜面になっているのです。どちらか一方がゆずらなければならないことは明らかでした。待っているあいだはまさに「肝をつぶすような」時間でしたが、その危機を乗り越えた後の道のりは案外たやすいものでした。

　頂上に着くと、ほっとするどころか、すべての状況が明らかに滑稽なことに気づきました。結局のところ私の車は、恐らく修道士が運転していたおんぼろ自動車よりも、もっとましな状態でした。道路にしても、前回訪れたときよりもずいぶん舗装されていました。こうして私は丘の上に立ち、おそらく今までこんなにしぶしぶと参加した人はいなかったのではないかというような状態でした。しかもこの先ここで何が起こるのか予測できればすぐにでも坂を下りて引き返したに違いなかったでしょう。運命の日は突然やってくるものですが、私はまさかそれをここで迎えることになろうとは思いもしませんでした。

　最初の二、三日は何事もなく順調に過ぎていったので、ようやくあの悲惨な状態を打破することができたのだと思いました。ところが、三日目か四日目の午後、例の「氷の指」が戻ってきたのです。そこで私は、すぐに虚勢をはって、たとえどうなろうとそれと対決しようと決めました。一生それから逃げ続けるわけにもいきませんし、それが私の人生のいたるところでずっと潜んでいることにもう我慢がならなかったので、それに対処し、真っ向からそれに向き合わなければならなかったのです。そこで私は外に出て丘の斜面に座り、どちらか一方が退くか消えてなくなるまで、それを直視することにしました。

　素性の知れない相手を凝視しなければならない恐さは、言葉で表現できるものではありません。相手が何者か確認することが、こちら側のできるせめてもの防衛術なのですが、いくら頭をひねっても相手が判明しなければ、わからないまま対決するしかありません。とにかく目の前の相手は、「恐怖」「残忍」「狂気」の権化であることには違いないのです。ひとことで言えば、心の、つまり心理的な殺し屋です。すべてが頭の中のドラマであることはわかっていましたが、思考が麻痺しているため、リアルな出来事として光の触手となった「氷の指」が突然おそいかかってくるのです。また、「氷の指」はどこか一ヵ所に存在するわけではないのですが、と同時に私の周囲のどこにでもいるために目をそらす場所がなく、どこを見ても凝視することができました。

　もしかしたらそれは、元いた場所に戻ろうとあがく、錯乱した自己かもしれないとも思いました。また、ふたたび狂気のどん底に突き落とされることに対する恐怖や、更年期障害の症状かとも思いました。しかし、それを知ったところで状況は変わらず、対抗手段もなく、意味もわからないまま、今ここで決着をつけようとしていたのです。

相手は凝視すればするほど接近し、もう触れるというところまで来ると、さっと退き、心のどこかで絶えずうごめいているようでした。初めはゾッとして全身に鳥肌が立ちましたが、しばらくすると火がついたように猛烈に頭が熱くなり、チカチカと星が回っているのが見えるほどでした。すると、次の瞬間は、つま先が氷のように冷たくなったかと思うと、その冷気が素早く頭頂まで突き抜けます。ついに、私は痙攣を起こしてひっくり返り、心臓は今にも破裂しそうなくらいに脈打っていました。

私はわけもわからず、ただ自分が引き裂かれていくのを感じていました。それでも、何の恐れも感情も湧いてきません。そこで、通常ならば必ず力を与えてくれる内側の強靭な沈黙に向かってみたのですが、頭の上を飛び回るハエほどの効果しかありません。心や感情が抜けた体のみが攻撃にさらされているようで、もし心や感情が伴っていれば、もっとひどい状態だったかもしれません。しかし、体が致命的なダメージを受けているのは確かだったので、奇跡でもない限り、まず助からないだろうと思いました。こんな状態にあっても、小さな祈りのひとつも念じることができず、それが死を意味しているとしても、ただすべてが早く終わるように願うしかありませんでした。
あの身の毛もよだつような何ものかがいつ去ったのかはわかりませんが、気がつくと、私は何の肉体感覚もない深遠な静寂の内にいました。そしてしばらくすると、私は何かに導かれるように、十二インチ〔訳注 三〇センチ〕先の小さな黄色の野花に視線を移したのです。それを目にした瞬間の感覚は言葉を超えていました。あえて言うなら、まるで微笑みを投げかけられたような、全宇宙に笑顔で迎え入れられたような感覚でした。その強烈な微笑みの最中にあっても、もはや目の光を吹き消されることもなく、体がひとりでに向きを変えることもありませんでした。私はついに、「それ」を目にしても耐えられる力を獲得したのです。

肉体感覚を失っていたため、自分が体を持っていて丘の上に横たわっているということに気づくまでずいぶん時間がかかりました。地面の上の雑草や小石のような感覚しかなかったのです。時間の経過とともに徐々に体の感覚を取り戻したので、動くかどうか試してみると、穏やかな衝撃とともに全身が動きました。立ち上がってみると、まるで何事もなかったかのようで、私は心地よい安堵感に浸っていました。こうして私は、下りてきた丘をまた登ったのですが、それは身体だけで、実際には何ものかが坂を下りていったまま、けっして戻ってこなかったのです。

おぞましい何ものかが二度と姿を見せなくなったのはさておき、自分が存在しているという確かな感覚をなくして丘を登ってきたのです。自分の存在を埋めるものを探し回ったのですが、何かが溶解してしまったり、消え去ってしまったりした様子もない、ただからっぽの空間が取り残されているだけでした。自己が崩壊した後に残っていた「それ」も見つかりませんでした。しかし、何かがこの坂を登ってきたのは確かで、それが何であるかわかるまでに長い時間を要し、当時の私は、何か大きな変化が起きているということくらいしかわかりませんでした。今にして思えば、まさにこの丘の上の事件は、私が「大いなる通路」と呼んだもの、すなわち存在のまったく新しい状態にいたるイニシエーションだったのです。これについては、次章で詳しく述べます。

この出来事が起こってから数日後、気がつくと私は、「もう自己というものを保っていられなくなりました」とL司祭に訴えていました。するとL司祭は、「さて、あなたの経験にもとづいた存在というか、あなたの経験による自分というか、ここに座って私に話しているのはいったい誰なのですか?」と尋ねられました。そこで私は、一見私のようであるが目を閉じると消えてしまうと答えました。それから、特に祈りなどじっとしているときに体が溶解してしまうので、いつも意識していないと自分が存在しているのかわからなくなってしまうと説明したのです。それを聞いた司祭は手を挙げて、「おお、それはひどい」と言ったまま私の話も聞かずに、科学が物質に永遠の実体がないことを証明すればスコラ哲学はどうなるのか、といった自らの思索に耽ってしまいました。

　気づくと私は、司祭をなだめようと、従来の物質対霊魂の私たちの考え方は誤っていて、もしかすると神は純粋な物質、あるいは永遠の実体そのものであり、物質もまた、神や純粋な霊魂であり、二つは同等かもしれないと説明していました。つまり、科学者も黙想者も深海魚が海を探して泳ぎ回っているようなもので、黙想者は、すでに永遠の実体に遭遇していることに気づいていない科学者と変わらないのです。

　けれども、司祭は自分の思考の世界にどっぷりと浸かり、何も耳に入っていないようでした。そして、それがどこに行き着くのか、私にはよくわかっていました。そのうち考え疲れて椅子に座り込み、呆然と窓の外を眺めているうちに、あらゆる理論と洞察が丘を越えて海の彼方に消えてしまうのが関の山でした。だから私は、司祭が一人で行き詰まるにまかせて、あとは自分で答えを見つけようと思ったのです。それにしても、目を開けていると体があるのに、目を閉じた瞬間にその感覚を失うとはどういうことなのでしょうか。

　体が絶えず溶解するという感覚は、体外離脱とはまったく異なります。体外離脱は、霊魂が肉体から分離してしまうことに対し、体が溶解する感覚は、二つのあいだに分離がないのです。あらゆる分離は自己から生まれるので、自己をなくすと分離もなくなります。またこの体験以来、私は肉体を構成しているのは、目に見えないエーテル状の実体ではないかと思うようになりました。というのも、形あるものすべてを構成しているのは、絶え間ない変化の中で唯一永遠にとどまる不可知で触ることのできない実体だからです。とすれば、自己がなくなった後に残るのも、この永遠の実体ということになります。いずれにしても、あの日丘の上で存在の確固たる感覚がすべて溶解してしまい、今日まで戻ってきていないことは確かです。

また、修道院の丘の上で私が運命の日を迎えたことは、実に皮肉でした。というのも、修道院が女性に開かれたのは二年前のことで、リトリートに参加するために、女性は修道院長と面談しなければならず、最初の面談で修道院長は私にこう聞いたのです。「あなたは、このリトリートに何を期待していますか」「よくわかりませんが、ただ、一年前から内面の変化、大爆発のようなものが控えている気がするのです」と私が答えると、「おお、それはまずい！」と椅子の上で硬直しながら彼は言ったのです。「リトリートに女性の参加を認めるのも、修道士たちに女性に慣れてもらうためで、あなたがそんなことをしたら、大変なことになります」。

なぜ修道院長が「大爆発」という言葉に過剰に反応したのか、そのときの私はわかりませんでしたが、後に、彼は修道士になる前は化学者だったということを聞いて、おそらく過去のいやな経験から好ましくないことを想像したのだろうと思いました。私が「大爆発」と言ったのは良い意味であり、それは、霊的な躍進を意味していました。しかし、実際には、それが自己の崩壊を意味していて、自己が二度と元に戻らないほど粉々に砕け散ることになろうとは、このとき夢にも思いませんでした。クリスチャンとしての私にとってはなおさらで、当然のことながら、どこの教会にとっても、それは迷惑な話でしょう。

そういうわけで、修道院の丘の上で運命の日がやってきたことは、まさに皮肉なことでしたが、先に述べたように、誰もその日を予測することなどできません。その一方で、なぜその日をここで迎えたのか、わかる気もするのです。

第5章

この旅の最中に訪れる変化の仕組みを理解することはできなかったにもかかわらず、新しいものが出現したのか、それとも、古いものが姿を消したのかについての区別だけははっきりと認識することができました。旅の後半に突入することを決定づけた丘の上の変化は、前半で体験した変化と比べてみると、より明確になってきます。

旅の前半では、内的世界を失った代わりに、あらゆる個別性と分離を超越した外的な「一体性《ワンネス》」を見るという変化を体験しました。この新たな「見方」は、内から見るのではなく、今までの視点に3D眼鏡をかけられたようであり、その後に頭のてっぺんから見ているように感じました。この「見方」に慣れるまでに約一年かかり、その後に、あの修道院の丘の上の事件が起こったのです。

この第二の変化では、外の世界、すなわち、「一体性《ワンネス》」も3D眼鏡も失ってしまいました。突然「見方」を奪われた私は、盲人になったかのようで、この内も外もない世界で生きることは本当に過酷であるのと同時に、まったく不可解でした。

当初、どこを見ても何も見えないことは本当に辛いことで、かつて味わったことのない経験でした。まったくの空虚に包囲されているので、何かを対象としてとらえることができません。この不毛な状態の代償も与えられないまま、数週間が過ぎると、いよいよ生きているのが耐え難くなります。内も外も無であることは、想像を絶するほど苦しいのです。

しばらくすると、頭（心や脳）が万力にはさまれたように身動きが取れず、過去を振り返ることも、左右を見て今を確かめることもできません。ひたすら正面を凝視するだけで、しかも、そこには無しかないのです。それは、あたかも目隠しをされたまま立たされているようで、前方には果てしない空っぽの虚無と暗闇が広がるばかりです。

心は何もとらえることができないため、脳は焼かれ、目の裏が押しつぶされて盲目になったようでした。そして、情け容赦なくおそってくる頭の中の重圧は、「見ろ！　お前は見なければならない！　見られないはずがない！」と絶えず強要する、冷血無慈悲な監督の叫び声のようでした。数ヵ月も状況が変わらないので、言うことを聞かなければ、生涯その状態からも冷血漢からも逃れることはできないだろうと思いました。しかし、見る「目」さえ失ってしまった私に、いったい何が見えるというのでしょうか？　目の前はまったくの無しかないというのに。

　この絶体絶命の状況を、私は「大いなる通路」と呼んでいます。その通路がどこに向かっているのか知る由もありません。旅の前半が「自己」から「無自己」への移行であるとすれば、後半は「無自己」から「どこでもないところ」（no-where）への移行なのです。ここで待ち受けている苦難に、自己は決して耐えられないので、どのみち自己がこの通路に入ることはできません。

　本能的に、自分が非常に危ない状況にいることがわかりました。自分が狂気の瀬戸際、あるいは、生と死の狭間に踏み込んでいることを察知したのです。私の命は、完全に内側の強靭で不動な無自己にかかっていました。ひとつ確かなことは、万一わずかでもそれが動揺すれば、たちまちバランスを崩し、永遠に帰ってこられなくなるということでした。

　私は、事あるごとに、この内側の不動なる沈黙が神ではないかと思ったのですが、そうではなかったのです。後に、それについても詳述します。また、あの冷血漢の監督が神ではないかと思ったこともありました。「見ろ！　休まず進め！」と命じる絶対的な口調から、どこへ行くのか、何をすべきか、すべて把握しているように感じたからです。あるとき、頭がもう限界と思うほど熱くなったので、薬を飲んだほうが良いのか悩みました。元来、医者や薬を頼りにしたことがなかった私は、結局飲まずに済ませました。ここは、おとなしくあの監督に従い、旅がおのずと展開し、終わりを迎えるにまかせようと思ったのです。さもなければ、生涯通路の中に閉じ込められ、最後に目にするものも見られないことになりかねません。

　私が薬を飲みたくなかったもうひとつの理由は、万が一の事態に備え、常に覚醒していなければ危険だと感じていたからです。そしてあるとき、本当にそうした緊急事態が起こり、遠くの明かりが消えていくのを眺める傍観者のごとく、私はただ、自分の肉体の最後の力が奪われていくのを見つめていました。この経験から学んだことは、生と死が、実は生命のすべてではないということでした。「生き死に」をくり返すことが、生命やエネルギーの本質的な営みではなく、それとはまったくかかわりのない、「不変のもの」が同時に存在しているのです。ただそこにいて観察するもの、それが生命の本質であり、生没するエネルギーではありません。では、「そこにいて観察するもの」とはいったい何者でしょうか？　また、通路の中で耐え忍んでいるのは誰なのでしょうか？　常に溶解しようとするこの形は、いったい何でしょうか？　そして、自己が崩壊した後に残っているのは何でしょうか？　それらが、私ではないことだけは確かでした。仮にその答えが「神」であったとしても、盲目の私には何も見えるはずがありません。

　生と死の淵をさまよう自らを観察することによって、重大なことが明かされました。なぜ、あの監督が「進め！　休んではならない！　さあ、早く行け！」と絶えず強要するのか、ようやく理解できたのです。まさに生命の最後の一息が奪われようとしているとき、私は何の反応もなく、ただそれを見つめていました。死に際の人間にとって、そんなヴィジョンを見たとしても何の恐怖も起こりませんし、だいいち、恐れを感じるエネルギーも残されていません。私の命はもはや、得体の知れないものが握っており、ここまで来れば、もうなるようにしかならないのです。ところが、最後の最後で自分がまだ何も目にしていない、だから、旅が終わっていないのに死んでしまうわけがないと強く思ったのです。そのまま永遠に闇の中に閉じ込められるのもまっぴらだったので、たとえ足を引きずってでも先に進もうと思いました。そこで、いつ終わるとも知れない冒険に、ふたたび歩みを進めたのです。この通路で一番困難だったのは、こうしてまったくエネルギーが支給されないまま、進まなければならないことでした。私は文字どおり、何の力の感覚もないまま、生き残る術を編み出さなければならなかったのです。

その第一弾として、通路では、何の反応や思考も起こらないので、常に自分の心の外から資源を調達することを覚えなければなりませんでした。あるとき私は、自分が日常的な事柄の理解力を損なっていないので、人の意見や話を、思考をはさまずに平常心で聞くことができるのを発見したのです。人の話を聞いている限り、自然に私の心は安らかでいられました。また、本を読めることにも気がつきました。ただし、哲学書などの難解なものではなく、登山の書などのシンプルな本を読むことで、心の重圧から解放されました。

最後には、日常的な短い会話ならば、自分が人と話すことができることも発見しました。こうした会話はすべて、思考も反応もない、ただ瞬間的に浮かぶとっさの会話でしたが、それはその後も習慣として定着しました。私は、こうした心の動きを「非投影的な心」と呼んでいますが、通常の考える心よりもはるかに優れた資質であることに気がつきました。というのも、思考も反応もないことによって、心は常に明晰でいられるからです。このことについても、後に詳しく説明します。

しかし、当初はまだ、頭の重圧を取り除くのに、聞くことや読むことが役に立つということぐらいしかわかっていませんでした。とにかく、通路の中で無気力になったり、くすぶったりすることがないように、生き残る術を模索していたのです。

しかし、そんな中、私は新たな心の活動を発見したのです。それは、自己のエネルギーも生きる目的さえもない、ただ純粋に生き残るためだけの思考のない心の活動で、満足感や充実感とは無縁のものでした。そして、まさにそうした心の活動を境に、私は新たな領域に突入していたのですが、そのときはそれを知る由もありませんでした。このまったく新しい生を、頭で理解しようとしてもすべて徒労に終わります。唯一それを知る方法は、通常の認識の裏側、すなわち、不可知の領域からとらえることなのです。

この通路を、極めて困難にしているのはその期間の長さ（私の場合は、四ヵ月も続きました）だけではなく、代償となるものが何も与えられないことにあります。数日や数週間ならまだしも、四ヵ月間も精神的な拘束着を着せられたまま、来る日も来る日も忍耐の限界まで追いつめられれば、誰しも音を上げてしまいます。数年前に、私は心理学の書の中に、「代償のない完全な精神の分裂」という一文を見かけたことがありました。当時は、そんな状態を想像することもできず、自分がそうしたひどい状態にないことをありがたく思いました。ところが、自分がまさに通路の中で体験している状態を、その言葉ほど端的に表している表現はありません。心理学者の著者がどういう意味でその言葉を使っているのかわかりませんが、私の場合は、虚無を埋めるような代償となるものは何も与えられず、完全に自己から分裂させられてしまったのです。感情も、エネルギーも、活動も、洞察も、見方も、かかわりも奪われたまま、それらを補うべき何ひとつ与えられず、どこを見ても絶対的な空虚が広がるばかりでした。長期間、こんな状態に人が耐えられるはずがありません。不可知の重圧は日ごとに重くなるのに、死んで逃げ出すこともできないのです。通路を終えて、最後に何が待っているのかちゃんとこの目で確かめるまでは、決して重圧から逃れられないので、死んでも解決にならないことはよくわかっていました。

この状態は、無知に対する心や意識の浄化である「魂の暗夜」と比較しても、ずっと困難でたちの悪いものです。とにかく、既知も不可知も含めて心は何も考えることができないので、ずっと「暗夜」よりも過酷です。現実は変わっていないのに、自分が対象を知覚したり、視覚的にとらえたりすることができず、たとえば、車の運転や買い物をするなど緊張を要するときに、状況を漠然とした全体的な感覚としてしかつかめないのです。それは、もしかすると幼児が世界を見る感覚に似ているのかもしれません。幼児は大人と同じものを目にしても、非相対的な心を持っているため、大人のように知覚したり、対象に集中したりすることができません。一方、相対的な心を持った大人が正気のまま非相対的な状態に戻ることは極めて難しいことです。ところが、通路の中では意外にも、この条件づけられた大人の心が役に立ったのです。

以前は行動主義者が提唱する、人間の条件づけされた思考や行動のモデルに私は異を唱えていましたが、通路で正気を保つために、それが極めて有益であることを知ったのです。すべてを統合し、バランスを保つように条件づけられた成人の習慣や心は、通路を無事通過するための不可欠な要素となります。通路では、いかに精神を安定させ、成熟した行動を取ることができるかにすべてがかかっているので、旅の前に何年もかけて精神修行をすることは非常に役立ちます。また、よく精神的な冒険の恩寵として、神秘体験に包まれることを耳にしますが、私の場合は、一、三の例外を除いて、そんな体験はほとんどありませんでした。旅の大部分は、不可知の恐ろしいまでの重圧に耐えながら、わけもわからずただひたすら歩かなければなりませんでした。

しかし、その稀な神の恩寵とも言うべき体験は、通路が終わりを迎えようとしていたときに、突如訪れました。思い返してみると、いつ終わるとも知れない絶望感や疲労、目の裏の重圧、狂気と隣り合わせの状態などの耐え難い冒険の要素が積もりに積もって、もう限界に達したというときに、そのとてつもない重圧の下で何かがパーンと破裂したのです。そして、無窮性の前にかけられた最期の薄いヴェールがようやく取り除かれたように、自己をなくした空間に取り残された何者かが溶解してしまったのです。そこにはもう、不思議と主体的な神の喜びに満ちたユーモラスな微笑みしかありませんでした。この状態をいちばんよく表しているのが「溶解」という言葉で、まさに神のみが存在する領域にすべてが溶解してなくなってしまったのです。

しかし、このしばしの解放の後は、すぐに元の状態に戻ってしまったので、残念ながらそこが最終地点というわけではありませんでした。残された何かが溶解してしまったことは確かですが、それが最後に目にするものではなかったのです。むしろこの現象は、頑なに抵抗していた私のある部分が溶解したことに対する、あの監督の愛ある叱責で、「ほら、やっと見ることができたじゃないか！　本当は、これまでもずっと見てきたし、もう疑う余地はないはずだ」と激励されたようなものでした。実際に、通路の中で疑念を持ったことは一度もありませんでした。というのも、何も考えられなければ、疑ったり、確信したりすることもできないからです、通路の中では文字どおり、何ひとつ思うようにはできないのです。

こうした数少ない解放を除けば、心は常に巨大な虚無に浸され、何も注目することができませんでした。そこで私は、「人の子は枕するところなし」というキリストの言葉を思い出しました。キリストが言いたかったのは、この世には注目するものは何もない、知覚的にも概念的にも心が執着しなければならないものは何ひとつない、ということでした。

最終的にわかったことは、錯乱したり絶望したりするなにものも残されていないので、この通路は絶望や狂気さえも超えたところにあるということでした。もし自己が残っていれば直ちに発狂してしまうか、すぐ降参して逃げ出していたことでしょう。不可知の重圧に比べれば、絶望や不安感は単なる自己防衛の遊びに過ぎません。重圧の中では、防衛するものも手段も残されていないのですから。今となっては、人間に与えられた、不可知な状態に対する最大の代償は、自己にほかならないことがはっきりとわかるのです。

結果的に、通路をどのように生き延びることができるのか、はっきりとしたことはわかりません。ただ、自己は死んでしまい、不動の沈黙のみが残されているのです。そして、監督（頭の中の重圧）は絶えず心を静止して「見よ！」と命じ、自己エネルギーを失った肉体は、健康食品を消化することで命をつなげていました。もしかすると、通路を生き残る方法は、通路を歩くこと自体に組み込まれているのかもしれません。そこには、選択も出口もなく、死や狂気に陥ることによって逃げ出すこともできません。おそらく、それらがすべて「大いなる通路」であり、そこを歩む者もその一部を担っているのです。

四ヵ月もたつころには、多少なりとも対処法が身についてくるもので、あきらめるわけではないのですが、その不可避の状態にも慣れてくるのです。生涯をこうした状態の中で過ごすことになりかねないので、ともかくも前に進むために、どのように暮らしていけばよいのかあらゆる手を尽くしました。最大の味方となってくれたのは、やはり時間で、最終的には虚無にいることも大して気にならなくなってしまうから不思議です。

虚無が気にならなくなると、次は「行動」がすべてになります。通路の中では、山で覚えたただ「存在する」という生き方から、ただ「行動する」という生き方に重点が移ります。そしてちょうどこの時期に、私はある種の哀しみを覚えていました。それはある日、私が丘の上を散歩しながら人間や自然は究極的に空虚であることをふと思い出したときに湧いてきました。人は一生、目の前の現実のどこかに究極的な現実が横たわっていると信じて生きていると思うと、無性に哀しさが込み上げてきたのです。私もどれほどの時間を費やして、その究極の現実を探し回ったことでしょう。でも今となれば、それはすべて無駄だったことがわかります。

　すると、私のこれまでの人生は、すべて頭の中でつくり上げた途方もないドラマで、心のまやかしだったということになります。挙げ句の果てには、行く先もない無意味な循環をさまよい、今、生まれたときと変わらない程度の神や生の知識しか持たない地点に舞い戻ってきたのです。どれほどの時間やエネルギーを学習や思索、訓練、観察、経験、探求、苦悩に費やしたかわかりませんが、すべて徒労に終わってしまったのです！　真実はこうです。人は自分が知っていると思うことの一〇〇％は希望的観測で、自らの存続をかけた自己の執拗な誘いに、ただ盲目的に乗っているに過ぎないということです。何という心のトリック！　何という欺瞞でしょうか！　人は本当に欺かれるために生まれ、例外なく自己の罠に陥るのでしょうか？　自己の先に横たわる究極の真実が虚無だとすれば、その代償として人は自己に依存するほかありません。

　丘を越え、川べりを歩きながら、もう「神への信頼」は一片も残っていないのか繰り返し自問していました。ことの始まりは、自己の先に神がいると信じたばかりに、自己を放棄しようと思ったことでした。そして実際に、「大いなる通路」に入るまでは、神を愛し、信じていました。ところが、今となっては神を信じようにもどこにもいないので、その信頼は空中分解してしまいました。代わりにあるのは穏やかな失望であり、見たものをそのままに受け入れるという最後の姿勢でした。それは、どこかを探し回ったり、過去を振り返ったりせずに、毎日のあらゆる瞬間に起こる出来事に直面するということを意味していました。その瞬間にやるべきことをやる以外は、何も残っていないのです。

　これが、私の行き着いた結論でした。究極の真実とは、すべては虚無であり、自己はその虚無を埋めるものに過ぎない、そして人の言葉とは、真理も知らず、不可知に耐えられない自己が発した無意味なものであるということです。それでも、人は生きていかなければなりません。そして、私は、人生の大半をかけて探し求めた真実を、今、手にしたのです。旅はまさにそのためだけにあったと言っても過言ではありません。ゴールには空虚しかないことも知らず、いまだに探し求めている人を気の毒に思いますが、忠告する気もありません。なぜなら真実を知っても人生がより良くなるわけでもなく、ただ延々とそれは続いていくからです。私の旅は、この真理をもって完結したようなので、これですべてを忘れ、お金を稼ぐことに専念しよう、そう決心したのです。

第6章

晩冬のころ、ぬかるんだ川の水が二年前に起きた山火事の燃えくずを運んで流れていました。水かさを増した川の水位を測りに行くのが私と息子の日課で、素早く流される丸太をめがけて視力の良い息子は、上手に石を投げるのでした。ある日、なかなか息子は現れず、私は川岸に腰掛けてものすごい勢いで海に流されていく木々を見つめていると、ふと自分が理由もなく微笑んでいることに気づいたのです。そして、次の瞬間に「見た」のです。そうです、ついに私は最後に目にするものを見たのです！　それは、「微笑みそのもの」と「微笑んでいるもの」、そして「微笑みかけているもの」が紛れもない三位一体を形成し、一つになったものでした。私は、何のヴィジョンも洞察も動作もなく、ふと微笑みが湧き起こるように、ごく自然にそれを目にしたのです。日記の中で私はこれを「気づきの笑み」と記しています。

今、目にしたものを心は記憶することも把握することもできないので、私はただ川が海を目指して山の燃えくずや川岸を洗い流していく様子を見守り続けていました。しばらくしてから散歩に出ると、通路を無事に終えた今も、景色が前と変わらずに見えていることを確認し、ああ、本当によかったと思いました。このごく普通の正常な「見方」について何か特別に素晴らしいことがあるとすれば、すべてが今まで通りで、何ひとつ変わっていないということでした。それはまた、私自身がまったく正常な状態で無事に通路を終えることができたことを証明していました。それは実にありがたいことで、これ以上に素晴らしい現実はないというほどの出来事でしたが、通路の最後に目にしたものが、ごく自然で普通だったのですから、私自身も正常であることは、当然の成り行きなのかもしれません。

最後に目にするものを見たことよりも、通路を無事に終えたことのほうを喜んでいるのもおかしな話ですが、先に述べたように、心が見たものを把握したり記憶したりすることもできないので、喜びようがありませんでした。また、それはあまりにも単純明瞭だったので、なぜ今まで気がつかなかったのか不思議に思ったほどでした。でもやはり、それがおのずと姿を現したからこそ、気づくことができたのかもしれません。

ここで私が発見したのは、微笑みの不可知の対象とその主体が全くの同一であり、それればかりか微笑みそれ自体もそれらと同一であったということです——言い換えるならば「三位一体」をなしていたということです。では、その微笑みとは何なのでしょうか？　それこそが、自己をなくした後に残る「それ」なのです。微笑みは不可知の対象でも主体でもないのと同時に、それらと同一なのです。それが、まさに不可知の驚異であり、決して心では把握できない神秘なのです。

　しかし、この「見方」の全容がすぐに明かされたわけではありませんでした。確かに目の裏の重圧がなくなり、日常の雑事に振り回されることなく心は常に平静でしたが、そのほかは普段と変わらず、自分でも特別何かが変化したという意識はありませんでした。ところが、一週間が過ぎたころ、通勤のバスに乗るために歩いていると、あの虚無がまた別の何かにすり替わっていることに気がついたのです。しかも驚いたことに、それは、あの「一体性《ワンネス》」よりも強力で巨大です。でもすぐに、これはまた心が仕掛けた罠で幻想だから、もう騙されまいと完全に無視し、まっすぐに仕事に向かうことにしました。

　ところが、迷惑なことに「それ」もいっしょに職場にやってきて、あたりを取り巻いているので、無視するのも容易ではありません。そして、数日が過ぎても状況は変わらず、あたかもそれは、私が無視しようとすればするほど余計に「見ろ！」と強要してくるかのようでした。仕方なく、最後にそれに目を向けると、次の瞬間に姿を消してしまったのです。しかし、今回はその理由がわかった気がしました。

それは主体でも対象でもないので、相対的（主体と対象を区別する）な心で見つめようとしても、姿を消してしまいます。というのも、心は「それ」を対象としてとらえようとするからで、「それ」は対象とはなりえないものだからです。しかし、相対的な心にはそれが理解できません。「それ」は自己意識のない、非相対的な領域に存在しているので、同じく非相対的な心でしかとらえることができません。また、「それ」は「存在するものすべて」なので、内にも外にもなく、また、相対的な自己意識の心もありません。したがって、人は相対的な心をなくして初めて「それ」を目にすることができるのです。主体でも客体でもない「それ自身」を「見る」ように。[1]

職場で「見ろ！」と強要されたのは、「通路」の中で不能であった相対的な心のような気がしたので、私は見ることをためらったのです。というのも、ふたたび相対的な心を使うことによって、過去に引き戻されてしまえば、また一からやり直しになりかねないからです。でも、結果的にしぶしぶと見たことによって、最初に川べりで目にしたものよりも、ずっと大きな収穫を得ることになったのです。

私は、相対的な心では、決して「それ」を見ることができないことがわかったので、逆に「それ」をいつでも見ることができる素晴らしい方法を発見しました。それは、まったく見ようとしないという方法です。というのは、見ようとしなければ、相対的な心も働かないので、まったく新しい「認識」や「見方」、「活動」が生じてくるからです。このからくりさえわかれば、後はこの新たな状態を楽しむことができます。要するに、心というものは、活発である限り、最大の啓示を取り逃がすまいとして、常に知識を既存の枠組みの中に押し込むことに大忙《いそが》しなのです。

「それ」は去来するものではないことも理解しました。去来するのはいつも自己と連結した相対的な心であり、それは決して自己の範疇から脱することができません。けれども、自己をなくすと自己意識を持った相対的な心も消失するので、その空間に残ったものが「それ」なのです。その状態においては、もう相対性も空虚もない「それ」のみが存在するものすべてなので、ときとして極めて強烈な体験になりますが、いわゆる、恍惚状態や超常現象とは異なります。というのも、むしろそれは、ごく自然でありふれた体験だからです。だからこそ、気づくのが非常に難しいのです。つまり、存在するものすべての正体は「それ」であり、唯一そうでないものが自己ということになります。そして、その真理を目にするのを妨害するのも、自己の仕業なのです。

こうした発見で、ようやく私は通路を終えることができました。そして、「見ること」を通じて、他の新たな生が幕を開けたのです。この新たな生に慣れるために数ヵ月かかったのですが、そのあいだも数々の重要な発見がありました。それらの発見を言葉にするのは容易ではありませんが、中でも私が「すること」と呼んでいる最も重要なものについて、これから述べていきたいと思います。「すること」は、それまでの生の感覚やエネルギー、意志に代わる、新たな行為です。それは、たゆまぬ努力や維持を必要とする計画的で意識的な様式の行動とは異なった、エネルギーや努力を必要としない行ないです。言い換えれば、「すること」とは、従来の行動の源になっていた自己エネルギーをすべて遮断することによって、自然に湧いてくる行為です。「努力のない」行動とは、自己エネルギーのない状態を表しているので、たとえ汗をかくような行為でも「すること」が可能です。

過去の行動のメソッドと「すること」を見分けることは、親が子供を教育していく過程に似ています。自己を投じた行動は、実は空虚なものです。というのも、自己の正体は「無」だからです。一方、自己エネルギーや自己意識とかかわりのない行為は、「空」ではありません。無自己の空間に残るものは「それ」だからです。そして、ここから生じる行為が、「すること」なのです。私がなぜ「すること」に注目するのかといいますと、行為を「する者（主体）」と「する対象」が不可知でも、行為そのものは知ることのできるものだからです。前の例で言えば、微笑んだ「それ」も「何」に微笑んだのかもわかりませんが、「微笑み」自体は見ることができます。言い換えれば、私たちは行為（すること）を通してのみ、「それ」を知ることができるのです。

最初に平均台の上を歩くことを例にとって、「すること」と自己の行為の違いを学んでいきたいと思います。「すること」とは、しっかりと台の上に足を置いて歩んでいくことですが、「しないこと」または自己を投じる行動は、足場を持ちません。足の下には何もないのですから。初めのうちは、平均台から足を踏み外さないように歩くことは困難ですが、そのうちそれが習い性のように習慣となり、最後にはそれが本来の歩き方であることを発見し、生涯その道を全うすることになります。足場がある限り、自分が進むべき方向に進んでいることがわかりますが、足元に何もなければ、台から逸れて虚無の上を歩いているのです。つまり、「すること」は「それ」の示現であり、しないこと（自己を投じる行為）は「絶対的な無」の示現なのです。旅のある時点では、自己なき存在が注目の対象となりますが、それが徐々に空と虚無にすり替わっていくと最後には消えてしまいます。自己なき存在が完全に消失したときに残るものが「すること」であり、平均台、あるいは指針となって現れる「それ」なのです。

「すること」、および私たちが行なうことの中味は平均台の不可知の方向が指し示してくれます。それは、一直線に伸びた狭い道で、行き当たりばったりのふらふらとしたものではありません。自由気ままさを楽しんでいたのは自己であり、平均台の上ではそんな選択の自由はありません。唯一自由があるとすれば、それは自己からの自由であり、結果的に自由が取り上げられることを意味しています。だいいち、自己がいなければ、いったい誰が目的地を定める自由を楽しむのでしょうか？　後は、自然の理《ことわり》どおりに成長していく木々のように、何も考えずにもっぱら平均台の上を歩いていくことだけであり、人の心は永遠にこうした自然の叡智を知ることができないのです。とすれば、何をすべきか、あるいは次にどこに足を置けばよいのかは、むしろ以前よりもはっきりとわかるはずです。知るべきことはおのずと目の前に現れますし、そうではないことは単純に現れないからです。言い換えれば、するべきことはすべて平均台自体に組み込まれているので、「すること」も「その内容（やるべきこと）」も一致しているのです。つまり、「認識」「見方」「行動」がすべて同時に起こってくるわけです。

「すること」と「その内容」が一致しないのは、自己の概念や価値観、選択などの仕業ですが、そうしている限り、私たちは自由という名の下に、永遠に平均台の上を歩むことができません。私たちは通常、何をするべきか、考えるべきか、また、どう生きるべきかはっきりしないという、永続的な混乱状態にいます。しかし、平均台の上の「それ」は一本の確かな方向に向かって一直線に進んでいるので、「行動」と「認識」が一致しているのです。この種の「認識」は、考えたり、想像したりする相対的な心から生じてはいないので、極めてわかりづらく、特殊ですが、おかげで以前なら知ることも見ることもできなかった多くのものが、はっきりと見えてきました。すべてがどのような仕組みで動いているのか理解することはできませんが、平均台の上にいる限り、

「それ」と一つになって心が澄みきっているのは、まったく驚きに値します。

旅の最後の月に待っていたのは、かつて遭遇したことのない新たな心の沈黙でした。私は今までもさまざまな沈黙を経験していましたが、最後の沈黙は、これまでとは異なった非常にユニークなものでした。後に詳しく説明しますが、今は、ほかのあらゆる機能は正常なのに、その投影機能を失ってしまったために心であることがわからなくなってしまった心の沈黙である、と言うことに留めておきます。この種の沈黙は、自己や自己意識が完全に消滅した後に出現するので、自己が知ることはありません。したがって、旅が終わるころに、初めて存在を知ったのです。また、「すること」も、一切の思考や意志を必要としないために、心は沈黙するほかないのです。これも、最後に発見したことのひとつでした。

旅で発見したことをすべて記述するわけにもいかないので、特に印象深かったものを記しておきたいと思います。一つには、自然や環境の中に見い出す調和や美の法則といった美的感覚の崩壊が挙げられます。私はクラシック音楽の愛好家で、音楽は天空を越えて永続すると思っていたのですが、どんなに素晴らしい巨匠の傑作さえも沈黙の音楽に及ばないことを知って驚きました。音楽を鑑賞していた自己を失うと、それは雑音でしかなくなり、沈黙こそが美の旋律となったのです。

また、景色を見ても、それぞれの対象を個別にとらえることができないと、配列の美がわからなくなります。たとえば、ある対象を目にしたとしても、それは一瞬の閃光のように、周囲の連続体の中に吸収されてしまうのです。言うなれば、弦の緊張を緩めるとすぐに分散してしまう音に似ています。すると環境や雰囲気で何かを察知することは不可能になります。たとえ、対象が外見的にどんなに際立っていたとしても変わりありません。

結果としてこうした見方は、おのずと簡素な生活様式へ導きます。美的感覚がなければ、何かが別の物より優れていると感じることもなくなるので、実用的な物以外はすべて、不要となるのです。すると、森の中の最低限の生活が唯一本物の生き方のように思え、子供たちがいなければ何もかも投げ出してすぐに行ってしまいたいと思いました。少々極端な生き方に聞こえるかもしれませんが、一度でも「それ」の美を目にすると、個々の対象の美など覆い隠してしまうので、余計な物は必要としなくなるのです。目に見える形は、すべて「それ」の内にすっかりと息を潜めてしまいます。同様に、私たちも「それ」に所有された、一部なのですから、わざわざ美を追求したり所有したりする必要性がなくなるわけです。

けれども、身だしなみを注意する程度の美意識は持つように心がけなければならないと痛感した出来事もありました。ある日、私は、一日中外出しなければならず、外出先でふと鏡に映った自分の姿を見て驚いてしまったのです。あまりにもひどい髪型でした。朝起きたときに髪の毛をとかすことを忘れてそのまま出かけてしまったのです。それ以来、最低限の身の回りのことは注意できる程度の意識は持とうと思ったのです。しかし、旅を終えるころの私の記憶は致命的に失われ、何かを思い出そうにも思い出せず、人生のある部分の記憶が、時間が飛んだようにごっそりと抜け落ちているのです。しかし、今になってみると、それは、時間の健忘と言うよりは、自己の健忘だったかもしれないことがわかります。当初は、失った時間を埋めようとさまざまなことを試みてみましたが、何ひとつ効果はありません。しかし、時間の経過とともに記憶が徐々に回復し、ついには、自分のことを忘れないようにするという無駄な努力もする必要がなくなりました。

自己意識の崩壊に伴って肉体意識の崩壊もありました。先に述べたような常に体が溶解してしまうような感覚も、肉体意識の崩壊の一例です。しかし、時間とともに肉体を感じられない状態にも慣れてくるので、余計なことを感じない分、以前よりもちゃんと体の管理ができるようになりました。肉体の感覚がないのはどういうことかと言いますと、痛みとかは感じるのですが、要するに、体が疲れたとか休みたいとか心地よいといった感覚がなくなるのです。おそらく、こうした感覚は、自己意識とつながっているのではないかと思います。すると体の管理は、適切に水や養分や日光を与えていればきちんと育つ、植物の手入れとさほど変わらなくなります。というのも、植物を「感じる」ことができなくても、よく観察し、その仕組みを理解していれば、きちんと世話をすることができるからです。肉体は確かに実体があるものですが、それを含めた宇宙を構成するあらゆる被造物は何とはかなく、脆いものでしょうか。「一体性《ワンネス》」の前では、個々の実体や独自性など、いとも簡単に溶解してしまうのです。

私は、内側の不屈の沈黙は神なのかどうか思い悩んだことがあると前に述べました。私はずっと、自己が崩壊した後の無自己の沈黙から大いなる不可知のもの、すなわち「神」が示現するのではないかと期待していました。けれども、最後に無自己の沈黙さえも消滅してしまったときに、この考えも誤りだったということに気づきました。というのも、旅を終えたときに、神は自己や無自己といった相対的な経験の中に自らを体験することはないと知ったからです。むしろ、初めからずっと神はいたのです。しかし、「それ」を目にする前に、私は内側の沈黙や虚無と同じものが万物に浸透していることを体験しなければなりませんでした。しかし、非局在的な無形の大いなる沈黙こそが、「遍在するすべて」であるということを体験したとき、ついに「それ」を目にすることができたのです。

この旅は多くの点で、突然切り倒された樹木に似ています。木は、まだ樹液が流れているのですぐに死ぬことができず、ゆっくりと時間をかけて朽ちていきます。初めのうちは次第に活力がなくなり、衰弱していくのですが、そのうち樹液が尽きてしまったのに、なおも生き続けていることに驚きます。そこで生きるために不可欠と考えていたもの、すなわち、樹液がなくても、命をつないでいけることに気づきます。しかし、樹木にとって自らの死のプロセスは不可解だったに違いありません。なぜなら、古い生が死んで新しい生が吹き込まれるわけでもないので、樹木は自分が生きているのか、死んでいるのかもわからないからです。同様に、私も自己が消滅した後に、神聖な生が宿るのだと固く信じていたので、何も起こらなかったときは本当に困惑しました。それがまさに、この旅の最も不可解で厄介な点なのです。

旅を終えた今になって、ようやく十字架の聖ヨハネの「人は決して神を真に知ることはない」という言葉の意味を理解できます。私たちが神だと思って体験しているものは、実は自分自身に過ぎないのです。というのも、それを試みているのも自己だからです。つまり、私たちの心や意志、感情、感覚から生じた内的な神の体験は、すべて、決して知ることも見ることも体験することもできない「それ」に対する解釈や反応に過ぎません。とすれば、私たちはいったいどれほどまでに、自分自身と神を混同してきたことでしょうか。「それ」を知る方法はただひとつ、自己を完全になくすしかありません。自己がある限り、神をありのままに体験することはできないので、あらゆる経験を含めた、自己と呼べるものすべてを放棄するほかないのです。

これでようやく、自己を喪失した後に、なぜ神聖な命が宿らなかったのかを理解できます。神は、自己意識から生じる神秘体験とは無縁であるからです。だからこそ、神は絶対の無である、という解釈が生まれるのですが、それも同様に誤りであると言わざるをえません。というのも、虚無や空虚という観念さえも相対的な自己から生じていて、プラスとマイナスの極から脱することははないからです。一方、「それ」はそれらがすべて過ぎ去った後に残るものなのです。

しかし、この旅で強調しすぎることがないほど重要なのは、最後に存在の空虚さ、虚無であることさえも受容しなければならないということです。それは、私にとって神のいない生を受け入れることを意味していました。そんな空虚な生を全うし、究極の真理に対する最後の希望や信頼を手放して、すべてをありのままに受容したとき、突如それが真理であること、存在するものすべてであることを悟るのです。真理とは、ほんのわずかな経験も思考も意識も無意識も完全に終わりを迎えたときに、何の媒介（自己や意識）も介さず、単に示現するものなのです。

いつ旅が終わりを迎えたのか、はっきりと定義するのは難しいのですが、私は自己と無自己にいかなる相対的な違いも見ることがなくなったとき、そして、内側の沈黙さえも意識することがなくなったときが、そのときだったと思っています。当初私は、無自己の気づきを単に習慣的な反応や感情、活動、思考などを含めた自己の欠如の気づきであると考えていました。したがって、無自己を自己に対して相対的にとらえることから脱していなかったわけです。しかし、新たな生に慣れるにしたがって、自己に縛られた古い生が消えてしまい、それに伴って相対的な見方も崩壊してしまいました。それはまた、無事に旅を終えるため（特に「大いなる通路」を通過するため）に不可欠だったあの内側の強靱な沈黙、すなわち、不動の無自己の意識がなくなってしまうことも意味しています。そして、この無自己が消え去り、旅が終わりを告げたことがわかりました。今となってはそれは過ぎ去った出来事のひとつで、ほかの思い出と同様に日々記憶のなかで色褪せていくのです。

1）ここで述べている「対象」とは、意識の対象を指しており、感覚の対象ではありません。感覚の対象とは、私たちが見たり聞いたり触ったりできるものであることに対し、意識の対象とは、常にそれ自身を指しています。黙想の書を読むときに、この意識の対象（自己、主体）と感覚の対象（山、木など）を混同すると誤解してしまうことがあります。したがって、黙想者が神を対象としているときは、あくまでも感覚ではなく、意識の対象としてとらえていることを忘れてはなりません。しかし、その「意識」さえも超越すると、もはや自己も神も存在しません。真理が単に示現するだけで、誰か（意識）に対して示現しているわけではないのです。そして、心は、こうした非相対的な真理を理解できないのです。

旅のまとめ

1

その瞬間がいつどうやって訪れるのか誰も予想することができません。ある日突然、私は圧倒的な沈黙の中に吸い込まれ、二度と元に戻ることはありませんでした。既知の境界線では、自己の扉がぴしゃりと閉まり、代わりに決して逸らすことのできない凝視の下に、不可知の扉が開かれます。自己を感じることも記憶に留めることもできず、心は常に「今の瞬間」に向けられます。心が反応しようとすればするほど、沈黙に圧倒されるのです。

2

不可知をじっと見つめていると、沈黙が後退し始め、自己のないことが心地よく感じられます。しかし、内側の静寂点（内なる神）に目を向けると、同時に二つの無を発見することになります。というのも、自己がいなければ「他」もなく、私的な自己がいなければ私的な神もなく、主体がいなければ対象もないからです。内側の静寂点は、自己のあらゆる生の感覚とともに崩壊してしまいました。また、自己がなくなった後に残るものが何であるかも不明です。生の感覚も、意志も、エネルギーも、感情も、経験も、内的世界も、精神性も、霊性もすべて消失してしまいましたが、外的世界は何も変わっていないので、どこかに生命があることだけは確かでした。

3

玄関を一歩外に出ると、対象や景色や心の中など場所を特定することができないのですが、生命が調和に満ちて漂っていました。そして海を臨む絶壁の上で、ひとつの大いなる真理が示現したのです。「対象の中に生命が宿るのではなく、生命の内に万物が包まれている」と。もはや自己も他者もなく、多様性が共有する「一体性《ワンネス》」の中に個々が溶解していきます。この新たな生の次元は、不思議な3D眼鏡を通して見ているようで、どこを見ても神がいるだけでなく、神が存在するものすべてであることを発見します――唯一、自己を除いて。

4

しかし、「一体性《ワンネス》」を見つめ、それに気づいている存在とは何者なのでしょうか？　その目は、心や自己、肉体に属していないことだけは確かです。初めは眼鏡のようで、後に頭上に移った視点は、そこにあることだけはわかるのですが、実際に見たり確認したりすることができません。また、その目は、「一体性《ワンネス》」の中に消えてしまうこともないので、「見ているもの」と「見られているもの」のあいだに分離があることがわかります。それに、自己がなくなった後に残るものは何かという最大の疑問も謎のままです。今こうして歩いたり話したりして、「一体性《ワンネス》」を見つめる目にも気づいているのは何者なのでしょうか？ ついに私は「無自己」と「目」と「一体性《ワンネス》」のあいだにいかなる関係も見い出すことができませんでした。

5

あるとき「一体性《ワンネス》」は、まるで（それを見つめる目や自己が崩壊した後に残るものも含め）万物を死滅させてしまうほどの強烈な力で、内側にすべてを呑み尽くしていきました。そして、ついにその勢力が私自身にも及び、命が奪われようとしたまさにその瞬間のことです。目がちらつき、視界がかすむと、体がひとりでに向きを変えて事なきを得たのです。この強烈なヴィジョンに耐え、突入するために、目の光が吹き消されてはならないのです。そのためにもっと強くならなければならないのですが、その強さとはいったいどんな力で、どのように獲得すればよいのでしょうか？ まだ、やり残していることがあるはずですが、それはいったい何でしょうか？

無自己とは本当に無力なものです。それは、目の中の光でも目でもありませんでした。

6
「一体性《ワンネス》」を見つめていた目が「無」を見つめる目にすり替わってから九ヵ月が過ぎました。何の警告も理由も与えられないまま、すべての個別性は完全な無の中に溶解してしまったのです。いつのまにか心は、あらゆる景色や対象の中に身の毛のよだつような無が侵入し、息の根を止めるというおぞましい光景を目にしていたのです。こんな光景から逃れることができるのは自己だけです。というのも、自己は恐れという武器を使って防衛することができるからです。自己がなければ唯一の逃亡方法は逃亡しないことです。ただ虚無と直面し、後は来るにまかせるしかないのです。丘の上では、恐怖と狂気の権化と対決しなければなりませんでした。しかし、いったい何者がこの恐怖と対決するのでしょうか？　自己がいない今、残っているのは内側の強靱な沈黙だけです。はたしてそれは持ちこたえられるのか、それとも無惨にもうち砕かれてしまうのか、誰にもわかりませんでした。もう、ここまでくれば、なるようにしかならないのです。

7
そして、恐怖を知らない沈黙は、ついに耐え抜いたのです。最初に目にした野花は無限に拡大し、強烈な何かを示現したのですが、今度は目の光を奪われることなく、それを見つめることができました。そして肉体は、沈黙の中に溶解してしまい、見るものも何もなくなってしまいました。ところが、冷酷な監督が「見よ！」と心に強要します。心は、全体的にも部分的にも何もとらえることができず、内にも外にも何も見ることができません。心は完全に不可知の通路に迷い込み、何ヵ月も目隠しをされたまま、「今」と「ここ」に釘づけにされてしまったのです。

8

通路に突入すると、死を知らない、非局在的な「真の生命」なるものが示現します。この見ることも知ることもできない永遠の命は、不思議にも神という観念を持ちません。自己エネルギーがない状態で、普通の生活を営むことができるのか、また、普通の生命を失っても肉体と心にとどまることができるのか、答えは時間だけが知っています。時間とともにこの新たな生の生き方を一から学び直し、慣れていくほかありませんでした。そのために、自己や心は少しも役に立たず、肉体も絶えず溶解してしまいます。

9

何とかこの新しい生にも慣れてきたころ、ようやく旅が終わりを迎えたかのように見えます。初めのうちは、存在が空虚であることは耐え難いことのように感じますが、そのうちその状態にも慣れてきて気にならなくなります。空虚さを埋めるものがなければ、それがすべてになるからです。しかし、実はそれこそが「究極の真理」なのです。すると、今までの探求や考察、経験のすべてが無益で、ただの頭の中のゲームに過ぎなかったことに気がつきます。この真理は、幼児のようなおおらかさがないと、とても受け入れられる類いではありません。終わりは始まりを意味し、その中間にあるものはすべて幻です。この不可知の状態は、永続的な状態として定着します。というのも、心は何もとらえることができないので、それ以上何かを学ぶことができないからです。これが旅のすべてです。絶対的な無という最終地に行き着いたところで、本当に旅が終わりを迎えるのです。

10

川の流れを見つめていると、形なき虚無の中からシンプルな「微笑み」という真理の中で最も大いなる真理が明かされました。それは「微笑み」「微笑むもの」「微笑みかけられたもの」がすべて同一で、三位一体をなしているのです。微笑みは主体でも対象でもなく、ただ不可知なるものの行為と示現です。それは形なきものの永遠の形であり、多様性はすべてここから生まれ、やがて帰っていくのです。自己が喪失した後に残るものは、この永遠の形であり、形なきものの示現、そして行為なのです。相対的な心はたった今目にした真理を理解することも信じることも言葉にすることもできません。というのも、その真理とは、主体も対象もない、唯一の非相対的な存在だからです。

11 四ヵ月後、いかなる形も介さずにふたたび「一体性《ワンネス》」が姿を現しました。しかし、もう大いなる真理を目にしているので、すべては心のまやかしであることを見破ります。それでも目を向けてみると、それはたちまち姿を消しますが、即座にその理由が判明しました。というのも、「一体性《ワンネス》」、あるいは「それ」は対象ではないので、注目したところで目に見えるものではないからです、むしろそれは、行為なのです。言うなれば、神は「見る者」でも「見られる物」でもなく「見るという行為（"seeing"）」なのです。長い通路を経て、ついにそれ自身を理解し、心は安らぎと喜びに至りました。今、この瞬間の直接性と実際性の中に正しい場所を占める用意が整いました。今、心を超えた永遠なるものを知ったので、もはや心は知るために探す必要がないでしょう。心はこの不可知のなかにずっと住むことに満足しています。

12 通路を終えた後は、さらに非相対的な人生に慣れるための期間が続きます。自己が沈黙の中に没したように、今度はその無自己の沈黙さえも完全に消滅する番です。あらゆる経験や洞察、学びを含めた旅は、単に相対的な知覚から非相対的な知覚という、古い生から新しい生に移行する手段に過ぎませんでした。あらゆる相対性を超越したところにある、自らを見つめる目は、とどまることなく絶えず変化しています。「今この瞬間」は常に動いているからです。「それ」の本質とは永遠に新しく生まれ変わるので、旅は未来永劫に続くのです。

沈黙した心

自己意識の仕組みや心がどのように心自身を認識するのかを解明できると、よりはっきりと無自己やその結果として起こる沈黙した心がわかってきます。自己を喪失すると自己意識も消滅するので、心も自分を対象として認識することができなくなります。また、自己をなくすと、他に何も残らないので、心は自己の空白を埋めるものを何も見つけることができません。

心が自分を主体として見ることができないのは、目が目自身を見ることができないのと同じことです。同様にこれは、主体も対象も越えた意識（自己が喪失した後に残るもの）が、どうやって自分を認識するかを理解する鍵になります。こうした認識は、普通の認識とはまったく異なり、相対的な心では経験することも理解することもできません。まさに不可知の領域にゆだねられているのです。

私は今まで、自己意識は単に在るもので、心とは関係ないと思っていました。言い換えれば、心の投影機能を介さなくても、直接思考や感情は起こると思っていたのです。ところが、無意識レベルで起こる心の投影機能は、私たちが自己に気づいているか否かにかかわらず、絶えず活動しているのです。要するに、心は私たちが意識していなくても、いつも自分に気づいているのです。とすると、この投影機能がなければ、私たちは意識レベルでも無意識レベルでも自己意識を失ってしまうことを意味しています。もっと簡単に言えば、**主体が自分を認識していなければ、それが存在していることがわからないのです。**つまり、自己意識を持っているということは、主体は明らかに自分を認識しているので、存在があることも確信できます。逆に、自己意識のない心は、存在を証明することができません。

　するとすぐに思いつく質問は、「自己意識がなくても、考えることは可能なのか?」、あるいは「考える人がいなくても、考えはひとりでに浮かぶのか?」というものです。幼児の心では、大人社会を生き抜くことができないことを考えれば、自己意識を持った心のみが考えることができるのでしょう。しかし、一度心に条件づけを施し、十分に開発すれば、自己意識の助けを借りなくても、自立して考えるようになります。また、個人的な経験や偏見によって色づけされた心が生んだ考えとは別に、とっさに浮かぶ考えというものもあります。すべての事象は「今この瞬間」に起こっているので、完全に目先のことに集中している瞬間的な考えは、非常に有益です。もちろん、

（今に）制限された心の動きであることには変わりありませんが、常にあっちこっちと動き回り、感情に振り回される思考よりははるかに良いものです。心が「今この瞬間」に留められると、過去や未来を思い煩うために費やす多大なエネルギーを無駄にする必要がないのです。

以上が意味することは、自己や自己意識、考える人がいなくても、考えは生まれるということです。つまり、肉体的に心や脳（この二つは同一と思っています）が死なない限り、完全に沈黙した心はありえないのです。心が死んだ後に「何か」が残るのは確かですが、この「何か」は心や考え、意識ではありません。

すると私が「沈黙した心」と呼ぶものは、紛れもない相対的な経験で、自己意識から生じるものということになります。私たちは沈黙を、そうでないものやその程度によって相対的に認識するからです。けれども、完全に非相対的な状態（通常の意識では体験することはできません）では、沈黙した心としてとらえる沈黙の度合いや種類などがないので、そもそもそんなものは存在しません。非相対的な状態（心や意識が崩壊した後に残された「それ」）とは、言語に絶した、実に不可解な状態です。

この旅を、自己意識を持たない心に慣れるためのプロセス、あるいは相対的な認識から非相対的な認識への移行ととらえることができます。そして、特筆すべきことは、心の投影機能が崩壊する結果として心が沈黙するということです。つまり、心の沈黙とは自己がいないことを意味し、すなわち、無自己の沈黙と呼べるわけです。

通常、心は自分がどんなに主観的であるかに気づいていません。すべての思考、言葉、態度は無意識的かつ自動的に自己意識というフィルタを通して現れていることを認識していないからです。そのため、突然自己の扉が閉まっても、目に見えるものは何も変わらないし、普段と同じように生活も過ぎていくので、最初は何が起こったのかわかりません。言うなれば、何かが欠けてしまったことだけは感じるのですが、それがはっきりとしないのです。心はわけもわからず、ただ失ってしまった何かを埋めようとあがきますが、どんなにあがいても空虚な心は無力なもので、何も見つけることができません。

したがって自己を喪失したあとは、すなわち無自己の次には、その空間を埋める「それ」を非客観的、非主観的にとらえるというステップが用意されています。そして、「それ」に至るまで、さまざまな沈黙を体験することになります。中でも、一番初めに遭遇した沈黙は実に特殊だったので、次に述べていきたいと思います。

その前に、ひとつたとえ話をしたいと思います。仮に、人の基本的な精神構造が、風でも吹けばすぐに飛ばされてしまうほど軽い、乾いたスポンジだとします。もし私が「自我」（selfhood）

という水にこのスポンジを浸すと、たちまち膨んで重たくなります。すると、風が吹いても、もうどこへも行くことができません。しかし、このスポンジがもう浸されまいとして、長い時間どこかに一人で座っていれば、そのうち乾いて元通りになります。もうひとつ方法が考えられます。それは、何者かがスポンジをギュッと絞り、あっという間に乾かしてしまうという方法です。そして、その後、水に浸す以外の目的でスポンジを使用します。

　突然乾かされたスポンジは、最初は何が起こったのかわからず、不思議な軽さと爽快感を味わいます。そして、この新たな状態にも慣れてくると、それまでの基本的な機能は何ひとつ損なわれていないのに、自分がまったく新しい方法で（水を含まず軽いままに）機能していることに気づくのです。したがって、自分の身に革新的な変化が起こり、何者かに変身してしまったように感じるのですが、そのうちにそれが本来の自分の姿であり、本当の自分が戻ったに過ぎないことを確信するのです。そして、すべてのものが、実は前とまったく変わっていないことを悟ります。唯一、自己という水がなくなってしまったことを除いて。

　また、心の細胞のひとつひとつが自己という水にどっぷりと浸り、絶えず水を外に排出しながら（投影）、内にしみ込んでいる（吸収）と想像してみてください。そして、そうした活動をやめれば、はたしてどんなことが起こるでしょうか？　心が投影することをやめれば、自己は生きていけません。あらゆる感情は静まり、過去も現在と何のつながりも持てずに力を失ってしまいます。すると、ここから先の人生は、瞬間ごとに何かが生まれ、そして完結するという小さな出来事の連続になります。心はもう、今までのようにいちいち内省している暇などありません。物事に価値や意味、目的を付与することがなくなれば、もはやそれらを外界に投影する必要がありません。水を吸ったり吐いたりすることがなければ、物事にとらわれることもなくなります。

　今までの問答機能が止まると、心は空虚になり、執着するものも残されていないので、後は不可知の沈黙の中にとどまるだけです。忙しく考えあぐねていた心が静まることは、スポンジの中の最後の一滴が絞り出されることなので、風が吹けば、自由に移動することができます。自己を喪失した後、最初に遭遇するこの沈黙は、実に神秘的で特異なものでした。それは、無自己の永遠の沈黙というべき、真の沈黙なのです。

　心の沈黙や絶えず浮かんでくる思考の沈静は、自己喪失の結果であると考える人は多いと思います。おそらくデカルトもそう言うでしょう。「我思う、ゆえに我あり」という格言は「我思わざれば、我あらず」と言い換えることもできます。しかし実際には、思考はまったく無になるのではなく、むしろ入力データに色づけする自己（心の投影機能）を介さない、純粋な思考が生まれるのです。心が崩壊すると、制限でいっぱいの無意味な思考が自然に大量に削除されます。すると、瞬間ごとに一〇〇%関与した、とっさの考えというものが浮かんできます。それは、まったく内面とはかかわりのない、言うなれば、外から飛び込んでくる考えなのです。

前述の「ただ、する」という行為は、一見すると、思考とはまったく関係のないもののように見えます。純粋に聞く、話す、読む、働くという行為の背後には、ある種の神秘的な静けさが漂っているからです。しかしその静けさは、自己意識が崩壊した結果として生じたもので、確かに心は澄み切っていますが、思考そのものを失ったわけではないのです。ただ、自己の水によって汚染された思考を寄せつけないのです。

また、無自己の沈黙とは、私が過去に体験したさまざまな沈黙の集大成ではないかと思います。思い返してみれば、これまでも私は、幾度も無意識の内に無自己の沈黙を経験していました。読者の中にも、少なからず同じような経験をした方がいるのではないかと思っています。これから、そんな過去の体験をいくつか取り上げてみたいと思います。

振り返ると、私の無自己の体験は、六歳ごろから始まっていました。それはある日、父の船の上で幼い私が仰向けに寝ころんでいたときのことです。波のまにまに身をゆだねていると、段々と水しぶきのリズミカルな音色に心が静まり返っていきました。自分の存在がやさしく溶け始め、あたかも、はてしない海原に当てもなく安らかに漂う、小さなコルクになってしまったかのようでした。慌ただしい日常は遠のき、どこかで音や動きはあるのだけれど、あたりは言い知れぬ神秘的な静けさに包み込まれていきました。その静寂は、空気中に漂う分子の穏やかな喜びそのもののようでした。私は永遠にその状態にとどまっていたいと思いました。ところが、突如、丸窓からホットドックを持った手が突き出され、私は不本意にも現実に連れ戻されてしまったのです。それまでの平穏な状態とあまりにもギャップが大きかったので、私は一瞬何が起こったのかわかりませんでした。しかしどこかで、自分も含め、目に見えるものだけがすべてではないということを悟ったのです。この日を境に、私の素晴らしき「何か」を探し求める旅路が始まったような気がします。

それから、あの一瞬の静寂を求めてさまざまなことを試みるうちに、その状態を意図的につくることはできないにしろ、なりやすい環境に身を置くことが有益であることを発見したのです。以後、私は一人になって自然の中に入り、草の上に寝転がってみたり、丘の木陰で昼寝をしたり、あるいは、海に体を浮かせて遊んでみたりしました。今になってみると、それがいわゆる、束の間の無自己の体験であったことがわかるのですが、当時は、それが永続することになろうとは夢にも思いませんでした。また、無自己が一時的な体験でなければならなかった理由もわかるのです。突然の妨害から身を守ったり、現実と目に見えない世界のギャップを埋めたりするために、徐々に準備を整える必要がありました。不可知の領域を、より深い見地から理解できるように、日々人生を調整しながら、ゆっくりと歩んでいかなければならないのです。無自己の状態を永続的なものとして受容できるまで、長い年月を要します。

同じころ、私はもうひとつ別の種類の沈黙を知りました。私はそれを、「空白の心」と呼んでいます。その体験は、当時流行りのローン・レンジャー〔訳注　米国、ウエスタンの人気番組。1949-1957〕という番組の主題曲を、ラジオのスピーカーに耳を押し当てながら聴いているときに起こりました。それは、音楽に酔いしれているうちに、頭の中が真っ白になり、日ごろのしがらみから解き放たれるという体験でした。また、学校で難解な算数の問題を解いているときに、ふたたび同じ空白の中に引きずり込まれそうになりました。そしてそのうちに、自分が好きなときにこの空白の中に入り込み、自在に世の中を意識から締め出す方法を覚えたのです。

私は、この精神の沈黙は、非常に神秘的で面白いと思いました。それは、ものすごい力で意識の深淵へと引っ張り込むのですが、その沈黙にもさまざまなレベルがあるようでした。それに気づいてからは、どこまで深く行けるのだろうか、底はあるのだろうか、底まで行けば自分はどうなってしまうのだろうか、といったことをいつも考えていました。そしてついにある日、底まで行ったらどうなるのか、そしてどんな危険性をはらんでいるのかを垣間見てしまったのです。

そのとき、私は十一歳になっていました。教室にいた私は、その日の授業が退屈だったので、机にうつぶせになって、いつものように空白の中へ入ろうと思いました。思いどおりに、空白状態に入ることはできたものの、その日は普段よりもずっと深いところまで落ちてしまい、自分のこともわからなくなってしまいました。そこで、あわてて自分が着ている服を思い出そうとしたのですが、どうにも思い出せず、仕方がないので次は朝の食卓で見た両親の顔を思い出そうとしました。またしても、失敗に終わってしまった私は、今度は自分の顔を思い出そうとしたのです。ところが、やはり思い出せず、いよいよ恐ろしくなってちゃんと自分の頭がそこにあるのかどうか触って確かめようと、腕を持ち上げると、それがエネルギーをすべて吸い上げられたように重いのです。私は、自分が二度とこの沈黙から抜け出せず、一生自分のこともわからなくなってしまうのではないかと思うと、席から飛び上がり、深呼吸をしました。この一瞬のパニック状態のおかげで、ようやく自分を取り戻すことができたのです。

この事件以来、私はもう二度と空白状態になるまいと誓いましたが、それからもたびたび、沈黙の奥底に引っ張り込まれるような強烈な吸引力におそわれ、立ち上がるか走るかの行動を取らなければ、回避できなかったのです。また、「空白の心」は、霊的なものでも何でもありませんでした。それればかりか、思考が発達するという貴重な成長の段階を台無しにしてしまったのです。

そのせいで私は、複雑な問題に出くわすと決まって空白状態に陥り、肝心の問題さえも思い出せない始末でした。そういうわけで記憶力も乏しく、ものすごい精神力を使わないと視覚的なイメージも湧いてこないので、想像力も養われませんでした。

しかし、時間がたつうちに空白に対する恐れも薄れ、それどころか、非常に役に立つありがたいものとさえ思うようになりました。「空白の心」は、自己を消し去ってしまうような沈黙なので、今にして思えば、私が旅のあいだに確立した永続的な無自己の沈黙と同一のものであることがわかります。けれども、人間の発育のプロセスに支障が出るので、あまり人生の早いうちにこの状態を確立するべきではありません。繰り返しますが、無自己の沈黙を永遠のものとするためには、たくさんの人生経験を必要とするのです。

十五歳になったとき、私はまた別の沈黙を発見しました。今度の沈黙は、心の沈黙や環境と一つになって溶けていく小さなコルクの静寂といった種類の沈黙ではありませんでした。むしろそれは、私の存在の主軸をなすような沈黙であり、私はそれを「静寂点」と呼んでいます。旅に出る前、私は自己が、存在（肉体、魂、心、感情を含め）のすべてであると思っていました。しかし実のところ、自己が生じ、発達する軸となるものが別にあったのです。その軸である「静寂点」は、それ以外の外的なものと比べ、何と静かで、平和で、不動なのでしょうか。それは喜びと大いなるエネルギーの源、すなわち、神であることを知ったとき、私は生涯を通じて黙想の道を歩もうと決心したのです。

この不動の沈黙は、ときに心や感情、そして自己をまるごと包み込んでしまうほど大きく、外に向けて拡大することもありましたが、反対に内側へ収縮していくこともありました。しかし、この状態も永続せず、十七歳になった二年後には静寂点さえも失い、存在の中心にぽっかりと底なしの穴があいてしまったのです。このときを境に、私は「魂の暗夜」に突入し、夜な夜な心と気力が燃え尽きてしまうという、ひどい心理的な苦痛に苛まれる日々が九ヵ月も続きました。もっとも幸いだったのは、この時期に生涯でたった一度のスピリチュアルなサポートをある人から受けられたことでした。それは、数年前から面識のあった跣足カルメル会の司祭でしたが、私はこの人の暗闇に対する楽観的な見方に救われたのです。彼流に言うと、落ちれば落ちるほど「まるでボールのごとく」、高く飛ぶことができるそうで、私は少々突飛なこの司祭の助言を信じることにしました。そして、何が起ころうとも歯を食いしばってすべてを受け入れようと思ったのです。このときにも、通路の中で経験したような目の裏の重圧がありました。今思うと、それは新しい「見方」への前兆だったのかもしれません。

暗夜が過ぎ去った後に感じた静寂は、まるで「嵐の後の静けさ」のようでした。しかし、この静寂はとても自然だったので、神から授けられた特別なものというよりは、自分の存在の本質的な部分のような気がしました。けれども、いくら静寂を見つめても、その先には静寂しかないので、このままでは自分が単に静寂主義〔訳注　キリスト教徒としての完成のために積極的な外的宗教活動を否定し、瞑想のみによって神に帰依し魂の静寂に徹する神秘教理〕者で終わってしまうのではないかと不安になったのです。ちょうどそんな時期に、ある人からその静寂は恩寵だから、むしろ感謝すべきことで、心配しなければ直にそれもなくなると言われ、しばらくすると本当に消えてしまいました。

この静寂は、心の沈黙とは別の種類のものでしたが、通常ならばわかりにくい静寂点にいつでも連れて行ってくれました。また、自己のあらゆる活動も、さまざまなレベルの静寂に包まれて、この静寂点の中に消えていくのです。それは、非常にありがたいことで、日常の災いから保護してくれる、避難所とも言えるわけです。静寂点とは、波乱に満ちた人生という表舞台の下に広がる、平和と安らぎの場所なのです。私はいつのころからか、この静寂はどこまでが自分の一部で、どこからが神なのだろうかと思うようになりました。そして、容赦なくふりかかる日々の苦難の中で、自分が「そこ」に戻れることを幸せに思い、後は全部悪魔に任せることにしたのです。

ここですべての静寂や沈黙の体験を述べるわけにはいかないので、ひとつ補足するとすれば、すべての静寂は、それに続くより深い静寂の前兆であるということです。つまり、かつて経験したことのないような静寂に遭遇したとしても、それは次の局面に移行するための準備段階に過ぎず、当初は非常に不可解に思えた沈黙も、自らを調整していくうちに定着し、最終的に永続的な状態としてとどまります。このように、成長のプロセスは、二つとして同じ体験がないのです。言い換えれば、何も変化が見られないときは、何も成長していないときです。人生とは絶え間ない変化の連続であり、黙想者とは、常にそれを自覚している者のことを言うのです。[2]

旅の第二段階で遭遇した沈黙は、かつて味わったことのないものであり、今まで経験したあらゆる種類やレベルの沈黙や静寂の集大成と言えるものでした。それはまた、これまでのあらゆる沈黙の体験がすべて完結することを意味していました。思い返せば、こうした静寂はすべて自己を沈静化させる目的で働いており、一歩一歩確実に、永続的な無自己の状態に近づいていたのです。また、私たちは生まれた瞬間から、あるいは自己が生じたときから、自己をなくすための生に向かっているとも言えるわけです。言い換えれば、自己保存と自己廃止システムがお互いにバランスを取りながら、私たちを真の運命に向けて導いていたのです。人生の前半は最初のシステム（自己保存）が優勢ですが、後半は自己廃止システムがフルに稼働し始め、最終的に無自己が真の活動源となって現れるのです。

つまり、さまざまな沈黙の体験はすべて、無自己の沈黙の神秘的な前兆だったのです。そして、自己という水が細胞から徐々に絞り出され、私たちの知りえない形で意識の働きが完全に終結します。自己がなくなれば、私たちは自己や静寂の体験、概念を超越したところにある真実に触れることができます。無自己は神ではありませんが、自己と神の溝を埋めるもので、自己だけでなく、無自己の先にある「それ」へと続く扉なのです。

すると、旅の第一段階が「自己」から「無自己」への移行であるとすると、第二の進展は「無自己」から「どこでもないところ（非局在的な、遍在するもの）」への移行であると言えます。それは、「自己の相対的な沈黙」から「神の非相対的な沈黙」への移行でもあり、実際にはこうして言葉で表現しえないものです。言語やあらゆるコミュニケーションを超越した神を知るためには、神が神自身を知る方法でしか知ることができません。

旅を終えてから気づいたことは、私が以前よりずっと強烈な光に耐えられるようになったことです。前のように意識が遠のいたり、無の中に陥ったりすることなく、ヴィジョンを正視するだけの強さを身につけたのです。強烈さに対面しているときは、私は肉体、環境、沈黙などのあらゆる知覚や感覚を失います。その衝撃に比べれば自己の喪失なんて無に等しいのです。人や全宇宙には、それ自身を失うよりはるかに甚大な喪失があるのです。

無自己の先へ進むということは、言うなれば、残された「それ」がそれ自身の強烈さに圧倒されて自らの懐《ふところ》に帰していくようなものです。たとえ「それ」が存在するすべてであっても、その行為は（前述のように「それ」と「その行為」が一致しているとしても）すべてではありません。というのも、私たちが認識できる行為はすべて既知（被造物）の領域に属しているからです。一方、既知や被造物の領域に属さない完全な行為というものがあり、その完全性に圧倒されることは、存在するすべてのものが瞬時にして「それ」に帰してしまうことを意味しているのです。その仕組みを頭で理解することはできませんが、「それがそれ自身に帰す（溶解する）」という強烈さに耐えることができたときに、あらゆる沈黙や静寂が終結することだけは確かです。

2）　たとえば、より前進した状態へ移行する前に、その前兆として至高体験などが訪れたとき、私たちはその状態を一過性の恩寵であると感じますが、実は、それは調整するにしたがって定着し、あるとは感じなくなってしまいます。なので、私たちは通常自分がどの程度前進しているのかを認識できないのです。霊的な成長とは、決して通常の意識でとらえられるものではありません。したがって、「至福と恍惚状態が永続する」といった内容の文献を見ると、私は疑念を持ちます。仮に至高体験が訪れたとしても、直にそれは定着し、当たり前の感覚として認識できなくなるからです。

第2部　さらなる観察

Part2：A Closer Look

問いかけとコメント

数名の友人にこの記録に目を通してもらったところ、旅で起こった出来事の中に、もっと説明を加えたほうがよいと思われる箇所が出てきました。ある友人は、旅がある局面から次に移行するところがいささか唐突すぎるのではないかと言いました。たとえば、それまで「一体性《ワンネス》」を見つめていた目がいきなり「無」にすり替わってしまった部分に説明を加えてほしいというのです。そのときはもちろん、私自身何が起こったのかわからず（だからこそ困惑するのです）、今になってもなお、相対的な知覚から非相対的な知覚へ移行するために不可欠な現象だったのではないかと推測するしかありません。また、もしかしたら対象や形を介さずに直接「一体性《ワンネス》」を見ることができるように、最初にそれらが「一体性《ワンネス》」の中へ溶解していく現象を目撃させられたのかもしれません。私たちは対象や被造物を介して「一体性《ワンネス》」を見る限り、相対的な知覚から脱することはできず、「一体性《ワンネス》」も、砂浜で見たようなおぞましい「虚無」も決して見ることはありません。

つまり、被造物を通して神や「一体性《ワンネス》」を見たとしても、相対的な世界に縛られていることに変わりなく、真に神を知ることはないのです。というのも、神は自己や相対的な心を超越した領域で初めて見ることができるからです。

つまり「大いなる通路」に入る前は３Ｄ眼鏡の助けを借りながら、相対的な知覚と非相対的な知覚、あるいは「一体性《ワンネス》」とこの世の「多様性」のあいだを行ったり来たりしていたのだと思います。しかし一度通路に足を踏み入れると、「一体性《ワンネス》」も「多様性」も消え失せ、相対性を超越した「それ」しか見ることができません。すると非相対的な領域では、「それ」がそれ自身を見つめる目となり、どこを見ても自分以外のものは存在しないのです。

＊　＊　＊

もうひとつ明確にしておきたい点は、無を見ることと、世界を「幻想」と見なすこととは別であるということです。私にとって、幻想と無は何のかかわりもありません。むしろ私は幻想に遭遇したことがないので、それが何であるのか定かではありません。ただ思い返してみると、自己の色メガネを通して世界を見るという知覚的な誤りがあったので、それを幻想と見ることはできます。非相対的な認識に至ると、私たちが真実であると信じてきたことはすべて幻想であったと気づきます。しかし、真に「それ」を見るまでは、決して幻想を見破ることはできません。ですが一度自己を超越すると、今まで自分が幻想や錯覚に陥っていたことに気づくので、すべては自分が現実に対して抱いていた思考に過ぎなかったことを知るのです。そしてその思考は、「あらゆる形や対象がそれ自身の内に存在している」という究極の真理とは程遠いものです。私は、世界とそこに存在するものをしっかりと現実としてとらえますが、もはや個々に独立した存在ではなく、ひとつの究極の真理（ただひとつの存在）に完全に依存しているものと見ています。形あるものはすべて脆く、変化する運命にあるので、いともたやすく瞬時にして源の「一体性《ワンネス》」に帰してしまうのです。これは紛れもない現実で、幻想ではありません。

旅の終わりには、「それ」が遍在する唯一の現実となるので、特定の対象や個別性に注目することは不可能になります。まるで世界を、ヴェールを通して見ているようで、個々の対象がはっきりと識別できません。それは個々の対象を通して「一体性《ワンネス》」を見るという３Ｄ眼鏡とは正反対の知覚の仕組みで、ここでは「一体性《ワンネス》」を通してのみ形が見えてくるのです。しかし、そのヴェールも日ごとに厚みを増すようで、だんだんと形も識別できなくなります。ついにヴェールから（一体性《ワンネス》以外は）何も見えなくなったときは、私自身も永遠の形、あるいは「それ」の中へ溶解してしまうのだと思います。今のところ、子供たちが絶えず出入りしている様子を幻想とは到底思えませんが、もしそうだとしたら何と助かることでしょう！

＊　＊　＊

また、記録を読むと、私が頻繁に非現実的な夢うつつの状態、あるいは混乱状態に陥っていたようだけれども、そんなふうには見えなかったと指摘した友人もいました。確かに、当時私がそうした状態にいることを周囲には打ち明けていませんでしたが、言ったとしても誰も理解しなかったと思います。一人の信徒の友人は、私にそんなことが起こっていたことに非常に驚いていました。というのも、プロセスの最中に何度も会話を交わしたことがあり、私が多少忘れっぽくなっていたにしろ、見た目も変わらないし、性格的にも健康上も、表面的には何の異常も見られなかったからです。ひとことで言うと、私は終始ごく普通だったのです。敢えてその理由を挙げるとすれば、旅に出る前に、準備がうまく整っていたからかもしれません。私の元々の性格とか、超現実主義者であるとか、仕事や母親としての役割とか、黙想者であるとか、神の恩寵などすべての要素が整って、無事に旅を終えることができたのだと思っています。そして何にもまして重要なのは、私が幼いころより「神の方法」に馴染んでおり、一連の出来事もすべて神の意図に違いないと信じていたことです。旅が間もなく終わるころに、絶対的な無という奈落の底に突き落とされたときでさえ、真理が自分をそこに導いたのだと思っていました。というのも、私にとって真理と神は同義語であったからです。私は真理に全幅の信頼を置いていましたが、それはいつ何時に現れるのかは誰にもわからないのです。

実際に精神的に取り乱すこともなかったのですが、知らないことに直面すると知的には混乱したり、びっくりしたりすることはありました。しかし、心が完全に（不可知の領域に通じる）「今この瞬間」に留められると、たった今起こっているリアルな出来事にしか対処できないので、混乱することはありません。常に不安定で、優柔不断、非現実的であり続けるのは、既知の領域にさまよう心だけなのです。

＊　＊　＊

この旅で心理的なバランスを保つために不可欠な要素は「時間」です。自己が崩壊したときに、たった一日でその状態に慣れることなどできません。というのも、自己の先に横たわるまったく新しい生は極めて過激で、心や感情、感覚、肉体を含めた存在のあらゆる要素に変容を迫るからです。たとえば、山で生活したときなど、時間や日にちの感覚を失うという興味深い体験をしましたが、それはさほどたいしたことではありませんでした。一方、変化に順応するための時間の効果は驚くべきもので、実際に数年かかることもありますが、時間そのものが生命活動の本質ではないかと思ったほどです。私は、「究極の真理に、時間は存在しない」とは思いません。ただ、「真理には独自の時間が流れている」のです。時間は、旅を滞りなく進めるために必要不可欠な要素です。「今この瞬間」という時間も、私たちが気づいていようがいまいが、刻々とダイナミックに活動しているのですから。

＊　＊　＊

私が、あまりにもごく普通に見えるために、損をしたこともたびたびあります。たとえば、精神的な助言をしてもらおうとしても、真剣に取り合ってくれないこともありました。私は修道士でもなければ、修道女でもありませんし、何か「奇跡」を起こすわけでも、カリスマ性があるわけでもありません。後光を放っているわけでもなく、ただの十代の子供を持つ、普通の母親です。

端的に言えば、誰かを触発するタイプではないのです。

一人の禅僧が、自己があるのは、私が全知全能ではないからであると言いました。この僧が言ったことはキリスト教的な神の概念なので、私にジョークを言ったのだろうと思って笑ったのですが、それが自己喪失に至った人に対する仏教的な概念であることを後から知って、彼がまじめに答えていたことがわかったのです。私が行く場所を間違えたのでしょうが、おそらく、彼が言いたかったことは、私が無自己に至るにしてはあまりにも地味で平凡であるということでしょう。

また、別の友人は旅の結末を読んでがっかりした、と言いました。旅の最中に紆余曲折があったわりには、最終的に見たものがあまりにも地味で平凡で拍子抜けをしたようです。彼女の意見はもっともで、いったいどれくらいの人が平凡で普通という勝利を心から喜べるでしょうか？究極の真理とは、至福の中で輝かしいヴィジョンや変容を遂げるというような超絶的な体験や現象ではなく、むしろ目のように身近で、微笑みのようにシンプルで、無自己の後に残る「それ」のように明晰です。私たちが大フィナーレに期待するような愛と至福の体験は、単に自己が自らの経験に基づいてつくり上げたものに過ぎず、「それ」はそれ自身に対してそんな反応を示しません。むしろ、目が目自身を見るように「普通」であり、これまでと同じように「当たり前」で、どこを見ても「平凡」な景色が見えます。私たちが生涯を通じて自分自身を観察しているとして、あるとき突然、その姿を見てエクスタシーを感じるでしょうか？　究極の真理は、愛や至福であると思い描くのは妄想であり、神とは程遠いものです。前にも述べたように、私たちはこれまでもずっと真理を体験していたにもかかわらず、それがあまりにも平凡で普通なことなので、もっと尋常でないような体験、つまり自己が喜ぶような体験を求めて探し回っているのです。これからは、鏡に映る自分の姿にがっかりする代わりに、「すべては普通で何も変わっていない」と言ってみてください。きっと、「普通」であることの勝利の力強さに気づくはずです。

＊　＊　＊

「すること」とは、忙しく動き回ること、あるいは、極端な場合には仕事中毒《ワーカホリック》になることであると解釈した友人がいました。もし「すること」を、黙想生活からより活動的で利他的な生活（活動的であることと利他的であることは、両立しうる現代のライフスタイルの要素です）への変化ととらえた読者がいるとすれば、その意味をもっと明確にする必要があります。十字架の聖ヨハネが神との合一を果たすために「完全行」を提唱していますが、その行と「すること」を比較してみるとわかりやすいと思います。「完全行」とは、それがどんな行為であれ、完全な愛の行為です。

祈りであれ、家事であれ、他人のことを思いやる行為であれ、何でもよいのです。「完全行」は、神と合一したことによって得たエネルギーを、愛の行為として外に表しているのです。旅の第一段階を終えるころに、私はこの種のエネルギーや行為を経験しましたが、それはここで言う「すること」とは異なります。

旅の第二段階では、愛のエネルギーはおろか、いかなるエネルギーも体験することができません。外に表現するための内側のエネルギーもなければ、外に求めるものも何もありません。愛と合一することさえできません。自己を失えば、合一する何者もいないからです。ここでは、神とその行為が一致しているので、神が合一そのものであることを発見します。つまり、「行為者」のいない行為とは、まったく無意識的に行なう行為であり、私たちのあらゆる行為の本質をなすものです。これまでに体験していた意志やエネルギーは自己（行為者）がつくっていたものに過ぎず、ここでは行動の原動力である自己はいないのです。そして、その自己や行為者がいなければ、行為と存在が一致するので、行為はすべてとっさに起こります。あるいは、「意志」が「すること」に道をゆずったと考えればわかりやすいでしょう。あらゆる行動の原点である意志（自己）を失ったら、人はどうやって生きていけばよいのでしょうか？　その答えが、「すること」なのです。それは、意志をまったく必要としません。

「すること」を説明するのは、容易ではありません。私たちは行為を行為者の視点からとらえがちで、どうしても「何を」するかとか「何か」をしていると考えてしまうからです。いずれも行為の内容を示しているだけで、それは、無自己に至るまで無意識にくり返す分離の解釈に過ぎません。しかし、行為と存在のあいだにいかなる分離や境界をも設けなくなったとき、初めて「すること」が生じるのです。行為者のいない行為に慣れるのは難しいことですし、頭で理解できることでもありません。しかし、私たちの肉体は、実はいつもそうしているのです。私たちは自分の意志で心臓や肝臓を動かすことができるでしょうか。いったい誰がそれを行なっているのでしょうか？「肉体の智慧」は、まさに行為者のいない行為の優れた例と言えるのです。

＊　＊　＊

一見すると、第一と第二の旅のあいだにはいくつかの類似点があるように見えます。今から約二十五年前に、私は第一の旅について書いたのですが、最終章のタイトルを見てハッとしました。そこには、「〈在る〉ことではなく、〈すること〉」と書いてあり、明らかにまだ存在と行為のあいだに分離を見ていたことを示しています。そのときの私は、神との合一によって得た新しいエネルギーを外に向けて表現する必要に迫られていました。というのも、ちょうど最初の旅が終わるころに、私はひどい「暗夜」を経験しており、それが自己の喪失ではないかと思っていました（実際には、旅の第二段階で体験する自己喪失とは異なります）。そして、その苦難がクライマックスを迎えたときに、突然何かが破裂して、「私は見た」のです。最初の旅の終着点で、私は神が永遠の運動であり、自分の中ではおさまりきらない神の愛に「火傷《やけど》」したくなければ、その動きとともに動いていかなければならないことを発見しました。その愛は、外に向けて誰かに与えたり創造的な方法で表現したりしない限りは、どこまで自分がそのパワーに耐えうるか試練を受けることになります。そして私の場合は、試練の道を歩むように運命づけられていたようです。

　確かに、「暗夜」や自己喪失らしき体験をするという面で、第一と第二の旅のあいだにはいくつかの共通点がありますが、ただし、旅の最後に遭遇するものがまったく異なります。最初の旅では、自分の本性と神の恩寵のあいだに激しい葛藤がありますが、最終的に「全体性」の中に吸収されるというパワフルな感覚に包まれます。自己エネルギーはもはや、神の永遠の活動とともに働くので、すべては外に向けて表現しなければなりません。同様にして、第二の旅でも最後に「合一」を体験しますが、それは最初の合一とは完全に異なるものです。つまりそれは、自己も神も合一さえも越えた「それ」自身の合一なのです。ここでは外に向けて表現するためのいかなるエネルギーも得られず、「すること」という行為の衝動のみが残されています。その行為は純粋に生きるための行為であり、そこで働く智は到底、心で理解できる性質ではありません。[3] 私は旅の第二段階を、第一段階の完成であると同時にそれに続くものだと思っています。第一と第二のあいだの移行期間（中間期）は、日常生活の中で十分に第二の旅に耐えうる地盤を固めるために不可欠な準備期間です。この二つの異なる段階は、黙想体験において混同されがちです。しかし、実際には二つの旅の始めと終わりで体験することは大きく異なるばかりでなく、合一の前後で体験すること、また、自己が崩壊する前後に体験することのあいだにも歴然とした違いがあります。神が私たち一人ひとりに内在していることと、神が神自身に内在すること[4]は、単に神学的な解釈の相違であるととらえられがちですが、実は二つの異なる（と同時に継続した）段階のクライマックスで体験することなのです。こうした誤解が生じる原因は、文献の記述が不適切であること、あるいは理論と実践の溝を埋めるための個人的経験や説明が不十分であることが考えられます。どうして第二の旅について知る人や理解している人が少ないのか、推測するのはそんなに難しいことではありません。

　自己を超越した旅に出るということは、不可知の領域に関する私たちのあらゆる相対的概念、期待、理論を捨て去るだけでなく、霊的、神秘体験さえも含めたすべての過去の経験をも捨てることを意味しています。それは、通常の私たちの思想体系を越えることを意味し、また、外部に援助を求めたとしても適切な文献が見つからなかったり、きちんと内容が保存されていなかったりすることもあるでしょう。私は、十字架の聖ヨハネが当時活発であったスペインの異端審問などの妨害によって、すべてを書き記すことができなかったのではないかと思っています。彼の文献が未完成のまま終わっていることは周知の通りです。

＊
＊
＊

キリスト教的な黙想観が不十分であれば、どうして他の宗教思想や哲学も参考にしてみなかったのかという質問もありました。実際には、他にも精神的な助けを求めてみたのですが、どうしても必要なものが得られないという運命にあったようです。私は元々東洋的な思想にあまり馴染みがなく、目を通してみてもその教えや用語に違和感がありました。特に輪廻転生やカルマ、幻想といった観念を理解することはできず、自己やアートマンなどの東洋的な解釈にも馴染むことができませんでした。もっと前の段階ならば、あるいは役に立ったかもしれませんが、すでに時は遅すぎたのです。どんなことでも早いうちは方向転換も可能でしょうが、遠くまで来てしまってはどこへも行くことができません。流れが急流に差しかかったときに、回避するためにさまざまな教えの体系やその妥当性を一から勉強しても手遅れです。また、急流を渡ることの本質は、私たちが世の中や自己、神に対して抱いていたあらゆる観念に揺さぶりをかけることです。その渦中においては、もはや精神的支えやその代理となるもの、方向転換さえもゆるされないのです。

もし私に救命具があったとすれば、それは自然でした。完全な虚無に陥った悲惨な状況の中で目にしたクジャクの驚異的な姿は、何も認識できない心にとってはこの上ない矛盾でした。毎朝私たちはシリアルを、しばしば同じボウルで食べていたのですが、あらゆる知的、神学的予想が現実の壁の前で砕け散る中、この友人の艶やかな羽は、虚無に真っ向から対立するものでした。しかし、シンプルで明確な自然の芸術を目にしても、私は「見ること」ができなかったので、心に何も貫いてこないのです。この強烈な矛盾を前に、私は彼のためにボウルを置いて、背を向けるしかありませんでした。ひとことで言えば、見ているのですが、「見えない」のです。

旅の当初、キリスト教の修道者トマス・マートンの本を読んでいるときに、仏教的な無自己の観念に出会い、仏教思想に関する本をいくつか読んでみたこともありました。しかし、本を読むことと実際に経験することとは違うので、禅寺で一週間ほど過ごして洞察を深めることにしたのです。そのときに私は、仏教の伝統ではどのように自己を喪失したことがわかるのか、また、自己が喪失した後に残るものは何かを率直に尋ねてみることにしました。質問の後に沈黙があったことから、おそらく私は聞いてはいけないお寺のタブーのようなことを聞いてしまったのでしょう。結局何の説明も回答も得られず、助けになりませんでした。

もう一度私は振り出しに戻り、日々欠乏していく自分自身の知識に頼るほかありませんでした。思い返してみると、私は旅に入る前にも似たような沈黙を経験していたことがあり、ビッグ・サーの友人の隠修士に、どこまでが自己でどこから先が神なのか教えてくれる者がいればお金を払ってもいいという手紙を送ったことがありました。言うまでもなく、私は一銭も失わずにすみました。どうやら時がくれば、人は（女性であれ）孤独に旅立たなければならないのです。

激流を渡るために唯一有益な哲学や神学があるとすれば、それは学べるだけ学び、完全にマスターした後に「実は私たちは何も知らない」という、より大いな智の前にすべてを投げ出さなければならない、という教えでしょう。聖トマス・アクィナス〔訳注　イタリアの神学者でスコラ哲学の大成者、ドミニコ会士。1225-1274〕は、『神学大全』を書き終えた後に、突如神を体験し、一言も発することができないほど心が沈黙してしまったために、それ以来一語も書くことができなかったと言います。そして、自分がそれまで記したものはすべて「価値のないもの」であった、と述べました。このように、聖トマスでさえ「それ」に遭遇したときに、文字どおりそれまでの思想体系から逸脱し、何ひとつ心で理解することも、筆によって描写することもできなかったのです。そして私たちは今、彼が見たものを決して見せてくれることはない書物にしがみついています。究極的には、不可知の雲が私たちの元に下降してきたときは、あらゆる理解の枠組みを投げ出さなければなりません。そのときに精神的な支えを探し回っても無駄に終わります。

それでも今の私には、急流を渡るための有益な一連の旅の道筋が見えています。旅の始めは、キリスト教的な自己と神の合一を達成し、常に迷子になるのではないかという恐れ（実際、私たちは神の内にいるのですから、迷子になりえないのです）から自分自身を解放します。すべてはキリストの助けを借りて行ないます。キリストが他の「媒体」と性格を異にしているのは、キリストは、私たちが必要としているときにいつでもそばについていてくれるマスターであるということです。つまり、内からは内的な静寂の中に、外からは聖体の沈黙の中にいてくれるのです。しかし、自己が「大いなる虚無」の中へ永遠に消え去ってしまったときは、いわゆる仏教が説く「無自己」の概念が相応しいでしょう。「存在するものすべて」の合一を目にしたとき、私たちは自己と呼べるすべてとあらゆる思想体系を捨てて生きる方法を学ばなければなりません。そして、そうした状態がピークを迎えたときに達するのが、ヒンズー教の説く「究極の唯一無二」の状態です。究極の唯一無二とは「すべて」です――唯一、自己を除いて。

私は東洋や西洋の宗教学者ではありません。しかし、それぞれの宗教が単独で信者を急流の向こう側まで導くことができると主張したとしても、急流を渡ること自体が極めて難しいことなので、私はそれぞれの教えを組み合わせたほうがはるかに効果的であり、優れているのではないかと感じています。理論的にはそんなことは不可能でしょうが、旅を終えた今、経験として、宗教の究極的な真理は相容れる（一致している）と思っています。少なくとも、最終的に流れが行き着くところは同じではないかと思うのです。

＊＊＊

ここで、この旅を「黙想的」と述べたことに対して腹を立てたある人に、少しだけコメントしたいと思います。彼女の見解では、私の体験は精神病的妄想に過ぎない、ということでした。私は心理学者ではないので、その見解に対して学術的な反論をするつもりはありません。ただ、私の知る限り、精神医学的な文献の中にこの旅と比較できるような記述はありませんでした。未知なるものに対する恐怖や記憶の欠落、自己喪失などの現象は、古典的な黙想の書の中にもよく見られます。しかし、完全に正気を保ったまま、段階的にすっかりと自己を喪失し、しかも、その後に新たな生に慣れるための期間が続くことを記述した宗教的な文献はひとつもありません。そういう意味で、この記録を読んで精神障害があると感じた人がいても、仕方のないことであると思っています。

確かに、私は長年の黙想者として、いつ常軌を逸し、「神の計画」からはずれてしまっても不思議ではなかったと思います。黙想者というのはしばしば、言うなれば、正常と狂気の境界線の危険な崖道を歩みながら、精神と魂の異次元に接触していくのです。そしてすべてが、自己を超越した先の神の真理に到達するための大いなる旅の道筋です。厳格に本に従っている人がいるとすれば、それは疑似体験をしているに過ぎません。また、頭ごなしに教理や信仰心を否定したり、精神的な不安や恐れに直面することが耐えられなかったりする人も、黙想の道を歩む準備が十分ではないと思います。私は心理学的な知識はありませんが、黙想者の宿題はすべて済ませ、黙想の書も熟読しています。だからこそ、永久に自己を喪失することは黙想生活のひとつの段階であることも、またそのことを記述した文献がほとんどないことも知っています。後に、また詳しく説明したいと思います。

＊　＊　＊

旅が終結したと判断したのは、自己のある生とない生の相対的な違いを感じ取れなくなったときであるということは前述したとおりです。ここでは、旅の最中に体験した「見ること」「すること」「沈黙した心」などといった相対的な体験に補足説明を加えていきたいと思います。こうした現象はすべて、新しい生に慣れるための学びの道具であり、新たな生が十分に定着すると最終的に消滅するものでした。したがって、相対的な経験はすべて順応期間の現象であり、古い生から新しい生への移行のプロセスに過ぎなかったことを強調しておきたいと思います。

しかし、旅の最中には、それが旅であることもプロセスであることにも気がつかず、「認識」「見方」「在り方」すべてにおいて取り返しのつかない、革新的な変容が起こり、それに対処していくことに精一杯でした。ですが、不思議とそんな変化も最後には当たり前の状態として定着します。こうした体験を言葉にするのは非常に難しく、過去の黙想書に記述が見当たらないのも、それが原因のひとつになっているのかもしれません。だからこそ、この段階にいる黙想者はしばしば外部から何の助けも得られず、先人が何も記していないことを訝ることになります。私たちは「そちら側」から語りかけてくる言葉はよく耳にしますが、本当に必要としているのは、どうすればそちら側へ行くことができるのかという具体的な方法（個人的な体験）なのです。

流れの先にあるものは何かというのは、ほとんどの黙想の書の題材です。それから、天国の話も十分に聞きました。今度は、実際にどうすれば流れを渡ることができるのかといった実践的なことを知る必要があります。私たちはできる限りそこへ行くまでの道筋を把握し、探求し、明確にしなければなりません。すでに流れの渦中にいる人の助けにはならないにしても、少なくとも、そうした移行のプロセスが存在し、ある日突然目を覚ましたら向こう側にいて、新しい生を難なく始められるといった誤解をせずにすみます。仮にそんなことが起これば、それこそ奇跡です。私が知る唯一の人物で、言葉や描写によってではなく、自らの体験を通して、実際に流れを渡ることを示した人は、十字架の上で生涯を閉じました。キリストは、決して至福の内に最期を迎えませんでした。なぜならそれは起こるはずがないのです、「復活」という新しい生への道筋ではないからです。まさに、崇高な自己さえも完全に消滅しなければ、新たな生に踏み込むことはできないということが、流れを渡るすべての人にキリストが捧げた現実的なメッセージなのではないでしょうか。

＊　＊　＊

原稿を私に返すときに、「正直に言ってあなたはこの旅を他の人にもすすめられるの」と聞いた友人がいました。彼女が「すすめる」と言ったことが、まるでどこかの旅行会社の（少なくとも友人にとっては）快適とは言えないパッケージツアーの宣伝文句のようだったので、思わず吹き出してしまいました。この旅は、私たちが行くかどうか決められる類いのものではありません。いつ来るとも知れない出発の時が来たら、人生の船は見知らぬ海原に出航するのです。そして、自己がいなければ「ノー」と言うことも、舵を取ることもできません。また、私たちはそれぞれ違った場所から出発するので、通過する道筋も体験も異なります。つまり、それぞれが独特の自己を超越しなければならないので、旅の道程はひとつとして同じものがないのです。

それでも、この旅を「すすめる」かどうかと言えば、それは、少なからず私たちが先ほどのキリストの死をどのように解釈しているのかにゆだねられているのではないでしょうか。つまり、キリストは私たちの身代わりとなって、自己を捨てたのか？　あるいは、最後に「それ」を目にするために、どこまで遠くに行かなければならないのかを身をもって示してくれたのか？

私はこの問いの答えを、神学的に述べることはできませんが、通路の最後で自分なりに見い出した答えを次章で述べていきたいと思います。今の段階では、「はい、旅に出ることをすすめます」と言うことに留めておきます。もちろん私の個人的な旅はおすすめできるものではありませんでしたが、その人にとって自己の先に待ち受ける「それ」を見ることをゆるす旅ならば、やはりおすすめしたいと思うのです。

3）「神」と「自己」との合一と、万物や自己を超越した「神自身」の内在的な合一とのあいだには大きな違いがあります。同様に、「非創造物」と「創造エネルギー（自己）」の合一と、非創造エネルギーがそれ自身で存在していることもまったく異なります。自己が経験しているのは、すべて創造エネルギーであり、非創造エネルギーは経験を超越しています。

4）私は神を表す言葉（性別的、中性名称、その他すべての名称）をあまり使いたくありません。というのは、言語はすべて人間を中心に発展しているからです。だから、黙想的体験を言葉で表現するのは難しく、誤解を生じる原因にもなります。逆に、神は言語やコミュニケーションを超えているので、人の言葉で表せないことこそ、神の本質をよく表しているのです。

キリストはどこに？

原稿に目を通した人の中には、この旅を仏教的な体験であると言った人もいれば、「純粋にヴェーダーンタ哲学的な現象」と述べた人もいました。また、更年期障害や幻覚の症状であるなど、さまざまな意見がありました。最も興味深かったのは、私が唯一持っていたとすればキリスト教的な観念だったにもかかわらず、誰もキリスト教的な体験とは思わなかったことです。

私は自分の旅を、最後に「無自己」と「見ること」に到達したキリスト教的な黙想の体験であると思っています。しかし、自己を超越した一連の現象について述べているキリスト教的な文献は非常に稀で、最近ではトマス・マートンの『New Seeds of Contemplation（新しい黙想の種子）』pp.282-285 の中に、少し言及されてある箇所を見つけられた程度です。黙想の書の著者は、ほとんどの場合、進化した魂は内なる生命が愛の炎に転じたときに、（それが最終地であるかのように）その状態にとどまり、生涯を愛の奉仕に捧げることを当然の結果として書いています。しかし実際は、それは新たな展開の始まりに過ぎません。

　ある聖職者の友人は、私の体験がキリスト教的な観点からとらえにくいのは、聖書や教会の説教の中に、こうした体験についての言及がないからであると言います。おそらく私は、黙想者の踏みならした神秘神学の道や伝統的なキリスト教的概念の枠組みから逸脱してしまったのだと思います。すると、自分の体験に当てはめてみて、キリスト教の「啓示」はどこにあるのでしょうか？　キリストは、いったいどこにいるのでしょうか？

　この質問に対する私のすぐさまの反応は、まったくわからないということでした。しかし次の反応はこれです。つまり、もしそれを正確に理解したならば、この質問への答えは旅のすべてにおける鍵であるということです。そもそも答えを知っていたら、初めから旅に出る必要などありません。私は常に自問してきました。自己がなくなった後に残るものは何か？　「一体性《ワンネス》」を見ているのは誰か？　内なる静寂は神なのか？　また、あの冷血漢の「監督」は神なのか？　結果的にわかったことは、キリストも神も何ものも、自明のものではないということです。この旅は不可知への旅であり、だからこそ、こんなにも不可解で描写しにくいのです。それでも、私はどうしても知りたいことがありました。それは、キリストはどこにいるのか、ということでした。

　旅の最中にも、私はたびたびキリストについて感じたことを綴っていました。というのも、時間の経過とともに、これまでとはまったく違った光の下でキリストを見るようになり、もしかするとキリストが見たように私自身も見始めているのではないかと思ったからです。もちろん、キリストとまったく同じ経験を自分がしていたわけではないので、すべては憶測に過ぎませんでしたが、少なくともそれが、旅で遭遇するさまざまな現象を解き明かす鍵となるのではないかと思ったのです。そして、旅の最中は何も明かされませんでしたが、最後に自分の予想が当たっていたことを発見したのです。これから、旅の最後に私自身が行き着いた答えを述べていきたいと思いますが、その前に二つのことを明確にしておきたいと思います。

一つ目として、私たちの「基準枠」について言及しておきたいと思います。基準枠とは、ある種の考え方や認識の枠組みであり、私の場合は、キリスト教という宗教でした。しかし、最後に「見ること」に到達すると、人はあらゆる信仰や基準枠から逸脱してしまいます。というのも、神の体験は、あらゆる枠組みを超越したところにあるからです。キリストは真理を目撃したときに、あらゆるユダヤ人的な枠組みを超えて真理をそのまま伝えました。キリストは聖典をすべて実践し、その真理を実現してから、いまだ枠組みに縛られた人々の目を開くために出かけられたのです。とすれば枠組みは、まだ「見えていない」人々のためにあるとも言えるわけです。一度目が開けば、あらゆる準拠枠はまったく新しい光の下で放たれ、古い見方は色褪せて無用の物となるのです。

と同時に、この「逸脱」は黙想者の道を険しく危険にもします。黙想者は、常に逸脱の可能性と背中合わせに歩んでいかなければならず、自分自身に対し、また神や人々に対しても正直であるがゆえに、ときとして本当に放り出されてしまいます。人は自分が慣れ親しんだ環境や枠組みにとどまり続けるほうが、よほど楽です。一方、初めからすべての枠組みを否定する人々もいますが、そうした人たちもどこへもたどり着くことができません。しかし、真理を求める者も拒絶する者も、ともに道に迷うことは避けられません。人生にリスクは伴いますから。

また、急流を無事に渡り終えた人の中には、すべての道（準拠枠、信仰）は水際で閉ざされるので無益であると言う人もいますが、それは未熟な見解で、誤っていると言わざるをえません。こうした人々は、自分が辿ってきた道を否定しているので、後に続く人たちの助けになれたかもしれないのに彼らを知らぬ間に断絶してしまうことになります。それはまるで、賢く使えばあらゆる願い事が叶うという貴重な贈り物を受け取り、自分がまさにほしいものを手に入れた後に、別の人に渡す代わりに、それを葬り去ってしまうようなことです。その人は、自分を水際まで導いてくれた道が、見えざる道となって流れを越えて続いていることに気づいていないのです。今も続いているその道は、最初の一歩から流れを安全に渡ることを約束してくれた道（贈り物）と同じなのです。人は誰しも、時がきたときに流れの向こう側に導いてくれると信じられる道を歩み始めなければなりません。信仰（道、贈り物）は、向こう側にたどり着き、最終的に「見た」としても、決して無になるわけではないのです。

二つ目として、どうしてこの記録の中には、聖書の句を引用した箇所がないのかを述べておきたいと思います。私は自分の旅を振り返り、あまり聖書の句を引用するのに相応しくないのではないかと感じました。確かに他の著者のように、引用してもよかったのかもしれませんが、私は神学者でも神秘主義者でも教会の代表でもありませんし、この記録も神秘書ではありません。それに、この記録の中に聖書の句と反する表現があったとしても、どうすることもできません。

私は若いころ、よく慰めや洞察を得るために聖書を開きました。聖書はときに、私自身の体験を自分で描写するよりもずっと的確に記していました。しかし、実際に旅で起こる現象は、むしろ黙示録的な旅ともいうべきもので、そんな状況の中では、どんな歴史的な出来事も偉大な言葉も助けにはならず、私はただヨブ〔訳注　旧約聖書「ヨブ記」の主人公。義人、忍苦、堅忍の典型〕のように、何が起ころうともただ耐え忍んで待つほかありませんでした。そこでわかったことは、人生の最も重要な学びは聖書の中にではなく、一瞬一瞬に宿る神の存在、啓示、交信、そして内なる導きの中にあるということです。そしてこの内的世界さえ最後に崩壊するのは、より大きな生の流れに参入するためであり、その流れはそれ自体がどこへ行くのか知っているので、私たちが舵を取ることはできません。そしてこの先の旅では、もはや語りかけてくる神もいないのです。最後に、「静かに、私が神であることを知りなさい」と言い残して。

ここで「キリストはどこに？」という冒頭の問いに戻りますが、私は実は、旅を始めるずっと前からこの質問を問い続けてきました。生前と生後に洗礼を受け、学校や家庭でも最高のカトリックの教育を受けましたが、私は常にキリストとの葛藤に悩まされてきたのです。そして長いあいだ答えを探し求めていたにもかかわらず、ついに納得のいく答えを見つけることはありませんでした。

葛藤の始まりは、私が十歳か十一歳のころに起こった校庭でのある事件がきっかけでした。当時、私たちは休み時間のドッヂボールに「熱狂」していましたが、松葉杖をついていた私はボールをよけることができなかったので、ボールを投げることを専門にしていました。そして、それを得意としていた私に、最後までリングの中に残った強者の選手にボールを当てて打ち負かすという役がいつもまわってきたのです。その日も最後の二人にボールが的中し、もうすぐ休み時間の終了のチャイムが鳴るというときに、姉妹であったその二人が私のところにやってきて、こう言い放ったのです。

「あなた、父親がお金持ちだからっていい気になっているんじゃないわよ。ひとつ、いいこと教えてあげましょうか。キリストは、金持ちが天国に入るのは、ラクダが針の穴を通るよりも難しいっておっしゃっているのよ。そして、貧しいラザロは天国に行ったけれども、金持ちは地獄へ堕ちたってね！」。

「そうよ」と今度は姉のほうが続けます。「福音書にも、キリストはいつも貧しい者を愛されたと書いてあるわ。キリストも貧しかったし、貧しい者は天の王国を受け継ぐのよ」

ふたたび妹がつけ加えます。「どうして一度に二人の主人に仕えることができるだろうか、とも言っているわ。金持ちになって、神も愛することはできないのよ。そしてキリストはいつも貧しい者の味方で、金持ちではないのよ」

この姉妹が他に何を言ったのかはよく覚えていませんが、私は必死になって、父が知人の家具業者に借金をしているから決して家は裕福ではないことを説明しようとしましたが、聞く耳を持ちません。終了のチャイムが鳴り止むのと同時に、生徒たちが整列を始める中、私はやっとの思いで言い返したのです。「これだけは言えるわ。金持ちで謙虚でいるほうが、あなたたちのように貧しくてそれを誇るよりはずっとましだわ。だって、誇る人も天国には入ることはできないもの！」

その日の午後は、放課後にどうやって姉妹を言い負かせばよいかということで頭がいっぱいでした。しかし、あの二人が言ったことは間違いではないので、考えれば考えるほど余計に腹が立ってくるのでした。確かにキリストは、貧しき者、虐げられた者、病める者、罪人を救うためにやってこられたのです。でも、私がそのいずれにも該当しなければ、キリストは私に手を差しのべてくれるのでしょうか？　他の人々はどうなのでしょうか？　たとえば私の両親は、貧しくもなく、苦しんでいるわけでもなく、罪も犯していません。キリストは、なぜ私たちのために命を落としたのでしょうか？　そのことにどんな意味があるのでしょうか？　いずれの答えもわからなかった私は、放課後に教会へ行き、直接キリストに尋ねてみようと思ったのです。

　私の学校のすぐ隣には教会がありました。中に入ると、祭壇の右横にかかった十字架のキリストの憐れみ深いガラスの瞳が参列席に注がれています。その眼差しの下で自分の質問を思い返すうちに、私の胸に言いしれぬ悲しみの波が押し寄せ、自分の問いがあまりにも陳腐で幼稚に思えてきました。その悲しみは、哀れみや嘆きといった種類ではなく、はかり知れない悲劇のような、言葉にできない悲しみでした。そのとき突然、本当の悲劇はキリストの肉体的な痛みではなく、誰一人としてキリストの死の意味を真に理解する者はいないということではないかと思ったのです。そこで、どんな書物にも書かれていないキリストが真に意味していたことが何かを激しく問いかけましたが、何も起きず、その悲劇の意味を見通すことはできませんでした。私は、自分の理解の扉が固く閉ざされていることを感じていました。

ふと、私はガラスの瞳の中に吸い込まれてしまいそうな感覚におそわれ、背もたれのぎりぎりのところまで後ずさりしました。それでも、キリストがまぶたを通して何もかもを見透かしているかのようだったので、居心地が悪く、席を立って隅のほうに移動したのです。ところが、なおも視線がついてきたのでいよいよ怖じ気づき、教会のなかのいちばん後ろまで下がることにしました。とても大きな教会だったので、そこまで行けば、もう何も見えないことがわかっていたからです。そこで、ようやく安心し、先ほどの質問をすることにしました。私は、自分の考えとごちゃごちゃにならないように、心をからっぽにしてキリストの答えを待ちました。

それから一時間が経過し、私は教会の後ろのほうを行ったり来たりしながら答えを待ちわびていたのですが、そこにあるものは頑固なまでの沈黙と行き詰まっていく心だけでした。私はいらいらとしながら、これくらいの質問は神にとって何でもないはずなのに、どうして答えてくれないのだろうと訝しげに思いました。

そこでとうとう、神が答えないのは答えがないからだと気づきました。キリストが私のところにこられた理由を答えてくれないのは、そもそもきていないからなのです！「招かれる者は多いが、選ばれる者は少ない」、つまり私はその中に入っていなかったのです。そこまで来ると、さっきの悲劇の波がふたたび私の胸に押し寄せました。キリストは初めから答えていたのに、私だけがそれを理解できなかったのです。いまや悲劇は、実はキリストのものではなく、あますところなく自分のものだったのだと思いました。そう、私は選ばれていなかったのです！　しばし私は茫然自失となり、あたかも天国から放り出されたような恐怖感をおぼえました。自分を完全に見失ったような感覚は、到底言葉に表すことなどできません。自分の存在がまさに消し去られようとしたそのとき、抑えようのない激情、憤りがわき起こってきたのです。私はすぐさま教会をあとにするために、大きな扉を力まかせにバタンと閉めました。

教会を出てから三ブロック先までは、このニュースをどう家族に切り出そうかということで頭がいっぱいでした。私は、自分が属していない教会にはもう二度と戻るまいと固く誓ったので、家族に無理矢理連れていかれることは偽善者になることを意味していました。父が激怒することは容易に察しがつきましたが、教会へ戻ることのほうがもっと苦痛であると思ったのです。もしこんな気持ちで出席すれば、良心の呵責に苛まれることになります。

しかし四ブロック目に差し掛かったときに、いきなり風景が一変したのです。通りには樹木が立ち並び、見上げると雲が浮かんでいました。昔なじみの友人の姿を見かけると、あまりの嬉しさに泣き出してしまいそうでした。自然は決して裏切らず、美しく、気分を高揚させてくれ、いつでも人生のあらゆる問題を越えた「そこ」にいて私を助けてくれるのです！　私はしばらくそのまま立ち止まり、空を見上げてこの何ものにもとらわれない神秘が私を包み込んであらゆる問題を溶解させ、失われた平安を取り戻してくれるのを感じていました。そして、ふと一年前に家族みんなでシエラ山にピクニックへ行ったときのことが思い出されました。

家族がハイキングに行っているあいだ、私は杖をつきながら森の中を歩き回り、最後には大きな岩の上にまでよじ登っていました。するとある瞬間、すっと周りの景色が遠のき、気がつくと私は、未知なる無限性の中に入り込んでしまいました。それは形容しがたく崇高で、言うなれば、不可視だけれど「見え」、形がないけれど「何か」で、場所は特定できないけれど「そこ」にいたのです。その超越的な「何か」は、私に気づくことも触れることもなく、単にふっと横切っていくような感覚でした。あまりにも一瞬の出来事だったので何も考えることができなかったのですが、過ぎ去ったあとにはこらえきれない喜びが溢れてきて、突如それが神であったことを悟ったのです。そうです、ついに私は神に出逢ったのです！　私はこのことを、当時もこれまでも一度も疑ったことはなく、この喜びはとても抑えきれるものではありませんでした。そして喜びは岩を越えて拡がり、真下の小川にくるくると飛び込んで川岸を溢れさせ、木を伝わって空へと昇って行ったのです。人生で最高の経験でした。そのことを思い出すだけで、他のすべてのことが無同然に化してしまうほどです。

こうして神は通り過ぎていき、喜びはそのまま残りました。その痕跡を見るためには内側を見さえすれば良かったのですが、そのうちふと疑念が湧いてきたので、私はそれを見ないようにしようとしました。というのも、山で突然現れたこの「喜びのうねり」が、前年、病身の私を見捨てた〝古き友人〟であると気づいたからです。それは私を助けることを拒否し、実際、まさしく目の前で姿をくらましてしまったのです。神に見捨てられてしまったほど、私は本当に打ちのめされました。そして、そのときの私を救ってくれたのは海でした。それ以来、私はもう二度とこの謎めいた存在に心をゆるすまいと誓ったのです。どうせまた、ひどい状況になればどこかへ消えていってしまうかもしれないのですから。でも、私はその存在を無視できませんでした。私の警戒をよそにその痕跡はとどまり続け、しかもそれが、神をうまく探知するものであるということに、あとになって気づいたのです。それは何の前触れもなしに、まるで信号でも送るかのように素早く「うねり」となって神を探知し、私はつい、その崇高なる無限性を求めて後を追ってしまうのでした。

さて、空を見上げて立ち尽くしていた私は、その日に起こった悲劇的な事件と怒りから、ひとつの結論に達していました。それは、私はすでに神と森で対面しているのだから、もうキリストは必要ないという考えでした。実際に、キリストがいなくても、私は神を愛することができるのです！　すると、私の中でキリストを抜きにして神を愛そうという気持ちがどんどん固まっていきました。キリストが私に手を貸してくれないのなら、自分ですればいいわけです。こうして、ようやく平安を取り戻し、喜びさえ湧いてきたところで家路についたのです。

夕食後、私は思い切って父にその日の出来事を打ち明けました。校庭での事件から始まって、教会で起こったことをすべて父に話したのです。父がどんなに私が教会へ行くことを望み、キリストを私のために「選んだ」としても、キリストが私を選んでいないのですからどうしようもありません。キリストに無理強いなどできません。人が申し出たとしても、神が却下すればそれまでです。

ここで父について深く言及しませんが、ひとつだけ言えるとすれば、彼はキリスト教の知識に関して右に出る者がいないほど精通しており、実際に神学や教理について司祭と同程度の知識がありましたし、他の分野では司祭以上に物知りでした。また法律や哲学にも通じており、議論や討論に長けていました。彼に言わせると、質問をしないクリスチャンは価値がなく、何の疑問も持たずに生きることは死に等しいのだそうです。腹を立てると独断的になることがありましたが、議論するときは公平で、常に私の考察力を尊重し、むしろそれを限界まで押し進めるように促しました。そしてその夜、議論は延々と続き、数年後の彼の死によって幕を閉じるまで尽きることがありませんでした。

父が初めに取り上げた議題は、「選ばれる」ということが神学的にどう解釈できるかについてでした。次に議論したのは「原罪」に関することで、ここでは深く述べませんが、このテーマはその後もずっと私たちの議論の的となりました。そしてその夜、父は私にどのように悪から生じる問題を解決すればよいかについて考えるという課題を与えました（この日、解決の糸口が見つかりませんでした）。この悪の解決方法をめぐって、キリストの生と死の意味と救済について議論し、最終的に貧しさが真に意味するところまで話は及びましたが、結局二人とも結論に至りませんでした。神への愛の行為として意図的に選ばない限り、貧しさであることには意味がないというのが父の見解でした。しかし私は、貧しさは人が選べる類いのことではなく、それでも神への愛として貧しさを受け入れることができれば恩寵があるはずであると言いました。そこで父は才能を例に挙げ、人は才能を受け取るだけでは不十分で、それを倍にして返さなければならないと言ったのですが、その主張はあくまでも経済を基盤にして考えていたため、私には受け入れがたいものでした。

とにかく、この話の結末は私が今までどおり教会へ行くというところで落ち着きましたが、その前に「神は存在するか、しないか、どちらに賭けるか？」という〝パスカルの賭け〟をじっくり考えてみる猶予をもらいました。あくる日、私は例の二人に会っても何も言いませんでしたが、どうしてか二人は休み時間のドッヂボールに参加せず、外からただ眺めているだけでした。私からしてみれば、一応の解決はついており、むしろ二人がきっかけをつくってくれたおかげで、自分のクリスチャンとしての意味を問い直すことができたので、感謝すべきことだと思いました。

それからも父と議論を続けることで、私はすぐに自分の信仰が理論的な裏付けの元に安住しているということがわかり、しかも教会の支柱になっているのも、この理論的な基盤なのではないかと思い至ったのです。その教会にひびが入れば、人はたちまち宙ぶらりん状態で放り出されてしまうのではないかと。それならば、神学よりもギリシャ哲学を学んだ方が有益であり、そうすることでキリストについて理論的な方法以外で考えることを回避できると思いついたわけです——確かに血の通わない冷たい方法ではありますが、より確実であることは間違いありません。一方、心のどこかでは、論理だけがすべてではない、キリストはまったく別の意味を持っているのではないかという考えを否定することができませんでした。しかし、教会での悲劇の日以来、私の理解の扉は固く閉ざされていたので、その考えを必死で払いのけようとしました。

当時父は、戦時に補助沿岸警備隊として船を出すために航海術の訓練を受けていました。そのクラスにはプラネタリウムでの特別講座が含まれていたのですが、私は熱心な同伴者として、また生まれながらの星の観察者として同行しました。そして翌年のこと、父に連れられて、とある週末をウィルソン山で過ごしたのですが、そこでプラネタリウムでは描き出せない本物の空を目にすることができました。山頂の世界はまさに圧巻で、星と山々と天文学者たちの隔絶的な生活があり、それこそが私が求めていたものでした！　世の中の問題から遠く離れて宇宙を観測することは、まさしく私の天職であり、居場所であると思いました。それからというもの、毎週土曜日の午後に行なわれるプラネタリウムの授業に必ず出席し、当時十五歳だった私は、この胸の躍るような午後のひとときを一度も逃しませんでした。そんな午後のある日、私は二回訪れた人生の転機の記念すべき一つ目をそこで迎えることになったのです。

それは、ミュラー博士の講義の最中に、あの馴染みある「うねり」とともにやってきました。その瞬間私は、まるで二つの愛のあいだに挟まれているようでした。しかも今回の神はさっと通り過ぎるどころか、とどまっているようだったので、思わず椅子にしがみついてしまいました。もしや、神が私に気づいて見ているかもしれないと考えただけで、体中に電流が駆け抜けるようでした。とはいえ、神に聞きたいことがたくさんありました。まず聞きたかったのは、この「うねり」の正体は何かということと、それがどう神と関係しているのかということでした。

私はずっと、神は万物の中に現存すると教わってきましたが、この現存を「体験」することが問題であり、五歳のころからそれを追求していたのです。こうした体験を父に打ち明けると、彼はたいてい、人間は、神がご自身を経験するのと同じようには神を経験できない、と言いました。あくまで神は原因であり（恩寵であることは疑いようがありませんが）、私たちは結果でしかないということです。まだ幼い私は父の言うことを信じ、その奇異な体験は、自分自身の神秘的な側面なのだろうと思いました。しかし時を経るごとに、それもだんだん説得力を失っていったのです。よくよく観察していると、最も不都合なとき突如訪れる「うねり」と拡散していくような喜びは、明らかに私の感情や考えなどに属すものではありませんでした。それは、あたかもそれ自身が磁気的な吸引力を持っているようで、無視することも抵抗することもできませんでした。もし、それが神であることを確信できれば、自分の人生が大きく変わってしまうことを予感していました。というのも、それは謎の多い人生を解き明かす鍵であり、すなわち、あらゆる矛盾や探求の終焉を意味しているからです。

だからこそ私は、神が私の中でくすぶっている瞬間を逃さず、「私の内にあって、あなたに気づいている存在は何ですか？」と、ただちに質問を投げかけてみたのです。そこで返ってきた答えを、実演してみせることはできませんが、言うなれば、それは理解や確証といったものではなく、後に私が発見することになる、あの「見る」ということでした。それは、類い希な外と内なる神の融合であり、二つとも同じ原因であるにもかかわらず、異なった表現体を持っているので、異なった経験を生じているというものでした。つまり、それぞれの表現が、独自の経験を伴っているのです。その詳しい仕組みはさておき、私は**通り過ぎる神がとどまっている神でもある**ことを発見し、嬉々としたのです。嬉しさのあまり、「ヤッホー！」と叫びたい気持ちを抑えることができず、となりの人に「シーッ」と注意されてしまったほどでした。

当然のことながら、そのままおとなしく座っているわけにいきませんでした。いまや講義は無意味となったので、喜びを空や山や動物といった仲間たちと分かち合うために、外に飛び出したのです。私はやっと自分がなぜ彼らを愛していたのかがわかり、彼らが私に伝えていたことを理解したのです。私たちはみな同じであり、一つであり、そして例外なく神の器なのです！

真っ暗な講堂を後にするとき、どれほど多くの人の足を踏んでしまったかわかりません。講堂を出ると、私はエントランスを駆けぬけました。そしてオモテに出て太陽を浴びた瞬間、痛いほどのまぶしさで失明したかのようになってしまいました。そのため両手で顔をふさぎ、しばらく座り込んでいなければならなかったのですが、徐々に目が慣れていき、丘の斜面に広がる景色に目を向けることができました。ところが、目に映る景色が以前とまったく変わっていなかったので、少々期待がはずれてがっかりしたのです。でもそんなことは構いません。もう自分はこの素晴らしい驚異を解く鍵を手にしており、私もその驚異に属しているのです。私は、思いめぐらせたいことが山ほどありました。だから、バスに乗らずに数マイルの距離を歩いて帰ることにしたのです。そして何よりも、帰る道すがら、この喜びを仲間たちと共有したかったのです。

ところが、この新たな洞察を手にした直後から、自分でもわけのわからないひどく情緒不安定な状態が数週間も続いたのです。何かがまだ欠けているように感じたのです。それに気づいた私は、もうひとつ神に質問することが必須であると思いました。それは、私という個人が、この全体性のどこに当てはまるのかということでした。外なる神と内なる神の存在はわかったものの、私はいったい何者なのでしょうか？　神にとって、私はどんな存在なのでしょうか？　私は神にとって（他のあらゆる自然の被造物と同様に）単に使い捨ての陳列棚のような器に過ぎず、今日置いて明日取り払ってしまうような存在なのでしょうか？　また、器とその中味はどういう関係にあるのでしょうか？　永続的な関係などどこにもないという観念は、私にひどい空虚感を与え、まるで自分が塵ほどの価値もないように思えたのです。キリストの計画からはずされるというのは、悲劇的で耐え難いことですが、より大きな計画からはずされることは想像を絶し、まるで生命を支える底の部分が抜け落ちてしまったかのように、私を無同然におとしめるのです。こんなにもひどい気持ちになるのは、どこかが間違っているからで、他にきっと真理があるはずだと思い、私はかつてないほど真剣に祈りました。この問いの答えほど重要なものはなく、これほど真摯に答えを求めたこともありませんでした。私はどうしても神に答えてほしかったのです！

　日中はあまり祈る時間がなかったので、ある夜、一晩を徹して祈ることを決心しました。部屋の壁にかけられた十字架に向かって私はひざまずき、答えが得られるまで祈ることをやめるまいと思いました。どのように祈ったのかは覚えていませんが、私はたいてい声に出して懇願するので、祈りというよりはしばしば議論しているように聞こえます。いつものように記憶できないほど多くの誓いを立てましたが、どれもあまり役には立ちませんでした。ある地点まで来ると、人はもう後戻りはできません。今までも私は、常に自分の中の何者かに前進するように駆り立てられ、やっとの思いでついていっていたのですが、今回それは私を見捨て、先へ行ってしまうかのようでした。

　祈り始めてからそんなに時間がたたないころ、突如、稲妻のような光の矢が壁の後ろからやってきて、十字架のキリスト像を貫き、衝動で後ろに倒れてしまうほどのパワーをもって私に入って来たのです。その光明が、「三位一体」であることは何よりも明らかでした。光線の始まりは外なる神、すなわち、父なる創造主を表し、私の中の光の終点は内なる神、すなわち、聖霊、そして喜びのうねりなのです。光の道のちょうど真ん中にいるのが、二つの神のあいだにはさまれたキリストでした。私は即座に、三位一体におけるキリストの役割を問いかけていました。これまでに数え切れないほど十字を切っていたにもかかわらず、私は一度としてキリストをこんなふうに考えたこともなく、また、こうした光の中に見たことはありませんでした。私はキリストについて、神人、救い主、媒介者、模範的人物など、自分で知っている限りの知識を並べてみましたが、どれもしっくりときません。三位一体のキリストが別の意味を持っていることだけは確かなのですが、それが何なのかはっきりとしないのです。私は当初の質問のことなどすっかり忘れ、後にゆっくりと開示される三位一体におけるキリストの意味や、神の大いなる計画とキリストの関係について考えを巡らせていました。

　私は眠らずに限界まで考えあぐね、それからベッドに入りましたが、眠るためではありませんでした。しかし、夜が明けるまで何度も寝返りを打ちながらようやくうとうとしたそのとき、突然答えがやってきて、目を覚ましたのです。三位一体におけるキリストは万人、そして彼と神の関係を象徴していたのです。つまりキリストと神の関係は、私たちと神の関係であり、三位一体におけるキリストは、私たちの運命でもあるのです。人としてのキリストは器であり、内なる神と外なる神が結びついて一つになった場にほかなりません。それはあらゆる被造物と非被造物が融合して一つになることを象徴し、私たちがキリストのようにこの統合を体験したければ、彼がそうであったように、私たちも完璧な器にならなければなりません。キリストは、器である私たちが中味である神と一つになるための媒介者なのです。

次にすることはもう決まっていたので、それから先は何も考える必要がありませんでした。私はベッドから飛び起きて服を着ると、まだ街灯のついている早朝のもやの中を教会まで歩いていき、キリストと和解したのです。帰ってくるなり、私は自分の服をすべてただで与えてしまい、本を売りました。あとは、彼の後をついていけばよいからです。

けれども、キリストとの葛藤がすべてなくなったわけではないと気づくのに、そんなに時間はかかりませんでした。ある意味では、それが始まりに過ぎなかったのかもしれません。しばらくすると、私は自分が、みなと同じように歴史上のキリストを崇拝し、献身しているのではないことに気づいたのです。私は元々頭の中でイメージするのは得意なほうではなく、歴史上のキリストを対象として、神を体験したことは一度もありませんでした。それでも何度も試みてみたのですが、いずれも失敗に終わり、あたかもキリスト自身が私の心や感情の対象になることを拒んでいるように思えました。むしろキリストは媒介者となって、私の意識の焦点を彼自身ではなく、私の内なる静寂点に向けたのです。初めのうちはそれが非常に不服で、ふたたびのけ者にされてしまったように感じました。どんな文献を見ても、聖人たちは常にキリストを黙想や洞察、ヴィジョン、体験の対象としていたのです。けれども、私の場合はどんなにがんばっても、石の壁を叩くように徒労に終わってしまうのです。こうして私は、キリストについて何度も自分の欲求が満たされないという憂き目にあいました。

　すると次は、自分が「今この瞬間」にどのようにキリストとかかわっているのかはっきりとつかめないわけです。もし私が聖体を受けていなければ、完全にキリストを見失っていたことでしょう。けれども、聖体を受けると、そこにはいつもキリストの確かな存在があり、それはキリストの愛と同じように目に見えず、形のないものでした。それから聖体拝領は、三位一体につながる生命線となって私をいつでも静寂へとつれ戻し、静寂こそが私の故郷であり居場所であることを確信させてくれたのです。

　こうして私は中心に戻りながら、黙想生活を歩んでいました。そのときの私は、まるで一方に合理性という険しい頂《いただき》、もう片方に非日常性という、超自然的な頂《いただき》のあいだをぬって流れる川のようでした。流れは決して上方に向かわず、川底にある究極の終着点に向けて、下へ下へと沈潜していったのです。また、川は地に密着して流れていたので、この世（地球）の諸問題が容赦なくふりかかり、黙想の旅における超越的な道とは言い難いものでした。それでも危険な道であることには変わりなく、どこへ連れて行かれるのか皆目見当もつかないので、これから自分がどうなるのか、そして、目的地はどこなのかもわかりませんでした。また、自分の意に反して流されるときは、脅威に感じることもありましたが、そのうちに流れに逆らわないということを体得し、結果として、それが十年間の黙想生活の主題だったように思います。そしてある日、突然川の流れが途絶えてしまい、何マイルも何年間も地下に潜って旅を続けた後、ふたたび光の下に姿を現しました。しかし、このときの光はもう影を生み出しませんでした。というのも、道を歩む対象（自己）がいなくなってしまったからです。

第一の旅では、教会のあの悲劇的な瞳のことが頭から離れず、その意味を問い続けていました。キリストの死は、言い伝えられていることとは別の意味があるのではないかという思いを否定することができなかったのです。けれども、それは合理性を伴わず、直感的だったので、そのつど頭の隅に追いやっていました。そして四十年ものあいだ、満足のいく答えが見つからないまま、ついに第二の旅に突入し、それが現実となって現れたのです。自己を超越するという第二の旅で、キリストの失われたもうひとつの真実への理解の扉が開くとは、いったい誰が予想できたでしょうか。

この新たな旅の中で、キリストは自らを完全に没するという危険にさらしながら、まったく新しい姿を現しました。その手始めとして、三位一体が次々と消滅していきました。最初は、自己が喪失するとともに、器であり媒介者であるキリストが消えてしまったのです。次に、内なる神（内側の静寂点）、すなわち聖霊も消滅してしまいました。そして、最後は外なる神（超越的な父なる神）、あるいは自らを見つめる目も消えてしまいました。けれども不思議と、ひとつ失われるごとに、それを補うような新しい洞察が得られたのです。自己を喪失したときに、キリストは内なる静寂点の中に溶解してしまい、それと一つになりました。そして、その「一つ」が人として経験できるすべてのものになりましたが、すぐにそれも遍在する外なる神の中に吸収されてしまいました。さらに九ヵ月後にはこの遍在する神、すなわち、「一体性《ワンネス》」も消滅してしまい、残ったのはあの恐ろしい虚無でした。この虚無は、神の死（私たちの心理的な基準でははかり知れない礫）とも言えます。それは比較されうるものがまったくない、非相対的な領域にある完全に不可知な状態です。端的に言えば、既知も不可知も超えているのです。

　これこそが、私が「通路」と呼んだ大いなる虚無と不可知の状態です。このまったく悲惨な状態に何とか慣れようともがいていたころ、私は人里離れた道を歩いていました。丘や木々、野草など、かつての友人たちを見ようとふと立ち止まると、いまやすべてがあまりに空虚と化し、それはまったく信じがたい光景でした。私はこれまで、何と騙され、いっぱい喰わされてきたのでしょう、しかも人生すべてにおいて！　信じられないことです……でも仕方ありません。そこには何もないのですから。そんなときです。私は、確かに聞いたのです。木々の上に「わが神、わが神、なぜ私をお見捨てになったのですか」という、遙かな声を。それから、私の理解の扉が少しずつ開き始めたのです。

　私はかつて、キリストの死と「暗夜」を結びつけたことは一度もありませんでした。自己の崩壊（魂の受動的な夜 Passive Night of the Spirit）が、キリストの死の真の意味であるとは思えなかったからです。確かに、神聖な中心点で神と結合している「真の自己」が自己の崩壊後に現れることは、ある意味で復活と言えるかもしれませんが、それがキリストの復活が象徴することとも思えませんでした。これらの見解は、どれもキリストの謎を解いてくれるものではありませんでした。しかし、この自己、結合、神聖な源さえも超えた「虚無の中の虚無」(void of voids) に遭遇した今、ようやくキリストが何を意味し、どこへ行ったのかをはっきりと理解できたのです。歴史を振り返ってみても、どんな宗教的な聖人や賢者であろうとも、キリストのような最期の言葉を残して、この世を去った者はいませんでした。キリストの言葉は、神の死を意味し、すなわち、最後に直面する矛盾を象徴しているのです。神の死に比べれば無自己など無に等しく、それを頭で解釈することは不可能ですが、今の私にはそれが何であるかがはっきりとわかります。キリストも自己と呼べるすべてを超越した領域、すなわち、この無にたどり着いたという真実は、私にとって不思議になぐさめとなりました。というのも、もはやキリストと私は大いなる矛盾を共有する同志となり、虚無の中でも分かちがたく結ばれているからです。キリストが到達した場所に自分がたどり着いたことは、実に喜ばしいことなので、この終着点に私を連れてきたことについて、キリストを責めるつもりはありません。私はキリストが目にした真理と同じものを目撃したかったので、もしここが――神の不在が――道の終わりならば、それでいいのです。後悔などしていません。

おそらくキリストは、私が最後に「見る」ことを期待していたように、復活することを期待していたのでしょうが、その期待は見事に裏切られました。栄光の代わりに待っていたのは、無だったのです。私たちが見たものは、人生の空虚さであり、死さえも無意味だということです。しかし、私は予想外にも通路でキリストに出会うことで、キリスト自身も誤解していたことを発見したのです。そこで初めて、キリストと私の真の悲劇が何であるかを知りました。それは、これまで多くの人々がキリストを信じてきたにもかかわらず、誰一人としてこの地点まで到達した者はなく、ゆえに、ここで目にする真理を理解していないということです。

キリストの死後、彼の愛する者たちが少なくとも心や気持ちの中でキリストを「見た」ことを、私は嬉しく思っています。それが真実であろうとなかろうと、どのみち人生は続けていかなければならないのですから。キリストは、自己やこの世の生を超えたところに真理はないか、あるいは信仰を超えたところに神はいないのかを確かめるために人としての限界を超えられたのです。だからこそ、人の子イエスとしてやるべきことはもう何も残されていませんでした。かつて、キリストほど遠くまで出向いた者はおらず、キリストは彼自身のためだけではなく、いつか同じように限界を超えていかなければならない私たちのために道を示してくれたのです。私はようやくこの地点にたどり着き、キリストを超えて先に進もうとも思わないので、当面の現実に取り組むことにしたのです。絶対の無という大いなる現実に。

ところが、この強制的な受容というべき変革期のしばらく後に、私はついに「見る」ことになったのです。そしてその瞬間に、キリストも「それ」を目にしたに違いないことを確信したのです。復活の真の意味とは、この究極の「見方」と「認識」だったのです。神が私たちの内に宿る神から、神自身の内に宿る神に変わったときに、誰もが「それ」を見ることになるので、キリストも目撃したことは明らかでした。人の「認識」と神の「認識」の溝を埋めるこの移行期は、極めて危険な期間とも言えます。というのも、完全に神の生が示現する前に、究極の虚無に直面することは避けては通れない道だからです。キリストが一瞬のうち（長くても三日のうち）に超えた移行期を、私は四ヵ月もかけなければなりませんでした。

　私がここで「復活」に等しいとした特定の「見方」は、いずれも人間の媒介である自己や意識を超越した神の示現、つまり「ロゴス」の示現を意味しています。それは、もはや私たちの「認識」を超えた神の「認識」です。生前の、そして十字架のキリストが言葉にしていた父なる神は、まだ対象であることがわかります。キリストを遣わした神も、力を与えた神も、キリストが器となって働いた神も、すべて対象であることには変わりありません。確かに「父と私は一つ」であると述べていますが、キリスト自身が神であるとは一度も言っていないのです。そもそも「私」という言葉が自己を表しているので、あらゆる言葉や人的な経験、知覚を超えた神的な「認識」とは異なります。キリストが初めから神的な「認識」を持っていたとすれば、主体であるはずの神を対象として、言葉を発するはずがありません。また、神的なキリストがなぜわざわざ復活する必要があるでしょうか？　キリストが元々人ではなかったとすれば、その生と死はすべて偽りになってしまいます。

　それでも人の子イエスは、自分と神を切り離すことがなかったという点では、神を主体的に認識しており、私たちも極めて類似した認識の仕方で神との合一を体験することになります。そして、内側の神聖な中心点より神に触れたとき、私たちの本質は神であることに気づくのです。実際に、神が私たちの根底に存在し、支えていなければ、私たちは存在していないのです。では、人の子イエスが認識していた神との一体性《ワンネス》と私たちの認識とのあいだには、どのような違いがあるのでしょうか？　私は、受肉したイエスは生まれながらに統合意識を持っていたのではないかと思っています。言い換えれば、イエスは生まれたときから合一していたのです。一方、私たちは「暗夜」などの辛く困難な体験を経ながら、徐々に統合意識に向かって行きます。そして、第一の旅に代表される数々の試練を経て初めて、人の子イエスが神を主体的にとらえていたように、私たちも一体性《ワンネス》を認識できるようになります。そしてこの統合意識に達したときに、パウロの「生きているのは、もはや私ではありません。キリストが私の内に生きておられるのです」という言葉どおりに、キリストをとらえるようになります。私たちの本質は、神の内に存在するキリストの中に宿っているので、私たちはキリストを通して神と分かちがたく結ばれているのです。しかし合一の先には、私たちの身にも例外なく死と復活がふりかかります。それは、キリストだけに限られているのではなく、そのプロセスを経ることによって唯一私たちは、キリストとも分かちがたく結ばれるのです。端的に言えば、キリストに起こったことは、すべて私たちの身にも起こるということです。

キリストの死とは、人の子イエスの自己の死であり、その自己が体験する特定の合一の死を意味しているのです。それは、単に自己が崩壊するというだけでなく、自己が体験した一体性《ワンネス》さえも失うということです。人は自己を介して神を知るので、自己を失うことは神を失うことも意味しています。だから、「神の死」とも言えるわけですが、それはあくまでも自己の視点から見たつくられた有限のものであることを忘れてはなりません。神の死は、人間的な経験や認識の中に留められるだけであって、本当の意味ではありえないのです。キリストの死に続いて起こる「復活」は、人と神の合一の本質をなす、神性キリストの示現、すなわち、「ロゴス」の示現を意味しています。本質的な人と神の合一とは、自己や意識、知性、意志などいかなる魂の属性も神と合一するのではなく、唯一、キリストこそがその合一なのです。「復活」はキリストの真理です。そしてその真理とは、神的キリスト（ロゴス）のみが永遠に神と一つであり、個人的な自己ではないということです。キリストがもたらした真の福音は、この真理なのですが、それを脅威に思う人もいるでしょう。

　キリストの示現について、さらに私たちが見落としがちな点は、キリストがたどってきた道のりは私たち一人ひとりがたどる道であり、旅だということです。キリストの身に起きたことはすべて私たちの身にも起こるのです。もし私たちが旅を理解し、次の展開を知りたければ、キリストを見ればいいのです。このようにキリストの生を指針にし、第一の旅を経ることによって、私たちはキリストと同様に神との合一と一体性《ワンネス》を体験するようになります。それは、すなわち、私たちの内に宿る神、内なる神を発見することを意味しています。そして、第二の旅では、この最初の合一さえも崩壊し、神自身の内に宿る神（神的キリスト、ロゴス）が示現するのです。このように私たちは、肉体だけではなく、精神的にも存在そのものにおいても、キリストにならい、キリストとともに死ななければなりません。すべてを受け入れがたく感じる人がいるかもしれませんが、この示現と真理こそが「復活」の真に意味するところなのです。

　キリストは、第二の旅が何であるかを熟知していました。それは、神との合一を体験し、認識していた「人としての媒介」の崩壊を意味していました。そして、「神」と「人」という埋めがたい隔たりのあいだに分け入ったことに、キリストの死の本当の神秘が隠されているのです。溝を埋めるということは黄泉に降り、大いなる虚無と対峙し、まったく不可知な状態に身を投じるということです。しかし、それが「復活」、すなわち、神聖なキリストもしくはロゴスの啓示への通路なのです。神と一体になった最も神聖な自己でさえ、この移行期を回避することはできず、私たちの内に宿る神と、神自身の内に宿る神とのあいだの溝に分け入らなければなりません。

　ところが、この「復活」も最終段階ではありません。キリストにとって「復活」が終末ではなかったように、私たちにとってもそれが終わりではないのです。「復活」に続いて起こるのが、「アセンション（昇天）」であり、最後に至高の神の完全性と栄光の中に溶けていくのです。人としてのキリストの「形」が空気や雲の中に霧散してしまったとき、突如キリストは遍在するものとなりました。単一の形という有限性から解き放たれたキリストは、あらゆる多様性を生み、最後に帰していく唯一無二の永遠の形をまとったのです。神性キリストのみが形なき父の「永遠の形」となり、父の内にキリストが住まわれるように、父もまたキリストの内に霊を宿すのです。

こうして旅の終局になって、私が十代のころに目撃した「三位一体」に大きな変化が訪れました。当初は、キリストの人間性が私の自己やあらゆる被造物の象徴となって救いの手を差しのべていたのですが、ここにきてキリストの神性またはロゴスはあらゆる自己と被造物の空虚さ、虚無を象徴していました。というのも、あらゆる被造物は最終的に変容し、神聖化され、「変質させられ」て一なる永遠の形となるからです。つまり最初は、被造物であるキリストの人間性が、内なる神（霊《スピリット》）と外なる神（超越的な父）を結ぶ導管となっていたのですが、今は非被造物であるキリストの神性（ロゴス）が永遠の導管となって形なき父の内に宿る一方で、その器に父が霊を宿しているのです。

また、最初は人的な媒介（自己や意識）を通じて神を認識していたことに対し、最終的には神自身が神を認識するという変化が起こります。そういうわけで、人的な認識から神的な認識に移行するためには、それまで私たちが神に対して抱いていたあらゆる認識と経験を捨て去らなければなりません。この二つの次元のあいだの大きな隔たりを超えることができる唯一の方法が、内なる神から超越的な神へ、自己から無自己への大変革なのです。

キリストの死の本当の悲劇は、誰もその意味を理解していないことであると前にも述べました。キリストが自己を放棄したので、私たちはそうする必要がないというのが一般的な解釈ですが、復活後のキリストに自己がないという理由で、私たちの自己も解き放たれたというのは、考えてみればおかしな話です。自己は、私たちの真の生でも不変の本質でもありません。それは単に、ある特定の「認識」に役立つ暫定的な機能に過ぎず、私たちの「原罪意識」の元となるものです。自己そのものは「罪」ではありませんが、罪の原因となるのは確かです。そして私たちが克服すべきは、結果ではなく原因です。「赦される」だけでは不十分で、最終的には赦されなければならない「元」を絶たなければなりません。

キリストは、私たちのために自己を克服したのではありませんでした。キリストは、ただ自らの死を通して、罪だけではなく、最も神聖な感覚さえも放棄しなければ真に自由になれないということを示しているのです。またキリストは、自己を克服する仲介となってくれたばかりでなく、最終的に自己を超越し、通路の中を耐え抜き、最後に「見る」のは「それ」だということも示しているのです。自己が完全にキリストに変容を遂げ、真理が明かされたとき、究極的には死ぬも生まれるもキリストしかいないことを発見するでしょう。この言葉をまったく信じがたいと感じる人もいるでしょうが、キリストが言うように「信じることができる者だけ、信じればよい」のです。

　繰り返しますが、この旅で私が最も困惑したのが、自己が崩壊した後に残る「それ」を認識できなかった点にあります。そこに残されていたのは、内側の沈黙だけで、その空間を埋めるものは何ひとつ現れてきませんでした。私はずっと、自己をなくした後に神が現れると信じてきたので、実際に何も現れなかったことに戸惑ったのです。また、最後に「見た」ものも予想外でした。だからこそ、キリストが復活した後に、キリストを愛する者たちは彼を認識することができなかったのだと思います。というのも、自己を失えば、もはやそれまでのような姿では見えないからです。そこで、キリストは、まったく違った、新たな光のもとで姿を現すしかありませんでした。それは、「信じられる」光ではなく、「信じられざる」光のもとでした。なぜなら、そこで目にするものは、考える心にとっては「信じられない」ものだからです。けれども、真理というものは、得てして「信じられない」ものなので、人は信仰を頼りにするのです。たとえば、「神は、存在するものすべてである」とか、唯一無二の絶対的存在という言葉も、考えたり、信じたりできる類いのものではないので、人によっては冒瀆的な言葉だととらえるでしょう。心は、この種の言葉を理解できず、何事も「目」にしなければ信じられないのですが、一度目にすると、今度は信じることができなくなります。こうして、最終的にあらゆる信仰や準拠枠は、「見ること」に道を譲ることになるのです。

もし私が、最初から自己を持っていなければ、なぜ人がそこまで執拗に永遠の命にこだわるのかがわからなかったと思います。そして、その自己を最初に、「ロウアーセルフ」と「ハイアーセルフ」に分けた人は、人類に大きな過ちを犯してしまったと言わざるを得ません。この分断によってロウアーセルフ（エゴ、未熟さ）は克服するべき自己で、人間として完成するためにハイアーセルフ（統合的な自己）を確立しなければならないという観念を人々に植えつけてしまったからです。無知であった私も例に漏れず、ハイアーセルフ、あるいは真の自己が永遠に神と結ばれているのだと信じて疑いませんでした。ところが、時間の経過とともに真実は別のところにあるのではないかと思うようになったのです。

自己を超えた力によって、もうすぐ最初の旅が終わりを迎えようとしているときに、私はそこが最終地ではなく、まだ先に続きがあるのではないかと思いました。その先にはより巨大なものが待ち受け、さらなる降伏を要求するだろうと思うと身震いがしました。そして、その恐れが消えたとき、同時に自己も溶解してしまい、新たな旅の幕開けとなったのです。そこで私は、恐れがあるうちは決して旅を最後まで耐え抜くことはできないので、第二の旅を始める前に、神とのつながりを試すために、ときには火の上を歩くような試練を与えられるのではないかと思いました。とすれば、最後に最も高い自己さえも放棄することは、人が神へのゆるぎない忠誠を示す最高の行為とも言えるわけです。一方、いつまでも神（自己が経験、認識する神）にすがることは、究極の疑念や不信感の表明とも言えるのです。

一時期私は、自己がなければ、神を愛することはできないのではないか、と思っていました。「私」が愛するのでなければ、いったい誰が愛せるというのでしょうか？　神を愛することこそ、私たちが生まれた理由であり、生きる目的なのです。しかし、第二の旅を始める少し前に、それが誤りであることに気づいたのです。本当は、自己は少しも神を愛しておらず、私たちの内に宿る神を愛しているのは、神自身だということがわかったのです。「私」が神を愛していると述べたそばから、無意識のうちに自己が主体となるので、神のみに属す愛を、自己のものであると誤解していることになります。唯一神が愛なので、その愛を完全に具現化するために、自己はしりぞかなければなりません。神を愛するために自己は不要であり、それを頭で解釈する必要もないのです。内なる神を知るのは、神にほかならないからです。

　不可知の境界線を踏み越え、私自身が不可知な存在となったとき、もはや神は私の内に宿る神を愛するのではなく、神自身の内に宿る神を愛されているのだということがわかりました。しかし、当初はそれがよく理解できず、それについて何ページも感じたことを書き綴るしかありませんでした。けれども、そのときに自分が体験していた愛は自己超越的な愛だったので、きっと「私」ではなく、私の内に宿るキリスト、あるいは、キリストに宿る霊が父を愛しておられるのだろうと思いました。しかし、色々と考えあぐねているうちに、こうして謎解きをすることさえやめようと思ったのです。それから二年がたち、不思議な旅を終えたあとに、突如すべてが開示されました。それは、神が完全に神自身の内に宿る神として愛されるのであって、それを認識するのも自己ではなく、神自身なのであるということでした。それがどういうことなのか、どのような仕組みで動いているのかは、到底言葉で表現できる性質ではないのです。

　三位一体の愛をはっきりと認識し、自らもその中に参入することは、大いなる一歩と言えますが、ここでもまだ、神を神自身の愛の対象として見ています。しかし、神とはあらゆる主体も客体（対象）も超越した存在であり、神自身が主体も対象もない「愛」にほかならないことを認識したときに、さらなる一歩を踏み出すことができます。そして、その一歩とは、最も高次な愛と合一の体験さえも踏み越えることを意味し、常に分断し、対象を探し回る自己から離脱する一歩でもあります。自己は神を知りませんし、始めから終わりまで神を愛したことなどありません。一度でもこの愛を体験したことがあれば、それが、自己と呼べるものすべてを超越したものであることがはっきりとわかります。それがわからなければ、まだ自己が立ち去っていないと言えるでしょう。

私は、この記録を書き終えたときに、ある体験をしました。それは、私が「最後の体験」と呼ぶもので、それによって、私はキリストの本質に関する洞察が得られたのです。私がその体験を、「最後の体験」と呼んでいるのは、五歳のころに体験した「最初の体験」と類似しているからですが、この時期にふたたび同じような体験をすることで、四十五年間の探求に終止符が打たれたような気がしました。これから、その洞察について述べてみたいと思いますが、その前にこの二つの体験（最初と最後の体験）に触れておきたいと思います。

「最初の体験」は、圧倒するような驚きとともに訪れました。それは、遊び仲間と追いかけっこをするために出かけた道中に起こったのですが、私は突如、体の内部に強力な物体がどんどん注ぎ込まれているように感じたので、びっくりして思わず立ちすくんでしまったのです。体がまるで風船のように八方に膨らんでいくので、あわてて手足に目をやったのですが、不思議と見た目には何も変わりませんでした。得体の知れない物体に自分が乗っ取られるか、押しつぶされるかしてしまうと思ったので、「危ない、このままではパンクする！」と声にならない叫び声を上げていました。ところが、もう限界というところで、それはピタッと止まったのです。そして、じっと息を潜めていると、ふと、「あなたは、あなた自身には大きすぎるのよ！」という思いがけない言葉が浮かんだのです。その瞬間、鳴り響く笑い声のような強烈な喜びが込み上げてきました。しばらくすると、徐々に元の状態に戻っていったのですが、私は以前の私ではなくなってしまいました。言うなれば、このとき初めて生まれたような気がしたのです。

当時は、それが神の体験であるとは思いませんでしたが、ただ、自分を超えた体験であることだけは感じていました。そしてそれ以来、自分に不思議な力が宿ったように感じ、それはいつでもそこにいるよき友人、教師となったのです。ところが四年後に、それは忽然と姿を消してしまい、あの森の中でふたたび出会うまで、約十八ヵ月間も留守にしていたのです。そして、私がこの不思議な力について探求し始めたのは、あの体の中に注ぎ込まれたその日からでした。次に紹介する「最後の体験」の中に、この「最初の体験」と類似した現象があるのは興味深いことです。次の文章は、その「最後の体験」を綴った当時の日記から抜粋したものです。

私が一瞬のうちに目撃したのは、何かが起こったというよりも、その可能性と言うべきものだった。それはほとんど恐怖とも言えるもの。私は、いかに神が人の体を乗っ取ってしまうことが可能か、それを見たのだ。これはおそらく、自己喪失のうちでも、最も究極的なものだと言ってよい。じりじりと体を侵略されているときに、私はすさまじいまでの力を感じ、それはまるで「私は神である」と宣言しているようだった。このように完全に神に全身を乗っ取られるさまは、まさに恐怖だった。それでいて、自分自身の何かが確かに残っていることもわかっていた。結局、話しているのも行動しているのも自分であることには変わりはない。自分は神という完全なものになるわけではなく、いまだ残っている何かがあることもわかっている。私が見たそれは、内から外への爆発というよりは、外から内への侵略である。まるで、頭上に降ってきた彗星が体全体を貫くような感じだ。それは風船を一瞬にして膨らますように体を占拠し、創造の行為にも似ているが、ここで体はそれを待っている受け皿に過ぎない。この待つものがどうなるのかわからないが、私は懐疑的だ。それに、この体に入った「それ」はいったい何をしようというのか、いったい人がどれほど神聖な生命だというのか？　ふとキリストのことが思い浮かんだ。もしや、キリストが体験したのはこういうことではなかっただろうか。キリストは確かに神と一つになり、神自身であったはずだ。と同時に、人の体や機能は神を制限するので、神の完全性をすべて受け止められたはずがない。実際には、神が人の体によって制限されるのではなく、人の心が勝手に神を制限しているに過ぎない。つまるところ体というものは、永遠に変わらず不可知であり続ける「それ」の行為でしかない。

ともかく、私はこの侵略を目撃したのだ。それが驚愕的な体験であることには違いない。自己をなくすことと、自分が神になることとはまったく別のことなので、私はむしろ、完全に自己があるわけでも、完全に神に占拠されているわけでもない今の状態にとどまっていたい。自己が喪失した後に残る「それ」と、この神の占拠の体験は両方とも神の体験であることには変わりないが、その違いを述べることは難しい。あえて説明するならば、二つとも自己はないが、後者は完全な神の体験だと言える。神に侵略されているあいだ、私は無意識のうちにもがいていた。この体験は、こちら側はどうすることもできないので極めて危険な体験と言えるだろう。すべてが何を意味しているのか理解することはできないが、ひとつだけ確かなのは、今以上にずっと、神が私を占拠できるということだ。つまり、「私は神である」という意識以外は、すべて抹消することもできるということだ。何が起こったのか理解することはおそらく不可能だろうが、興味深い体験だったことには違いない。もしかすると、何か未来の出来事の前兆かもしれないが、そうでないことを祈るばかりである。

後に私は、この体験について数多く書き綴っていましたが、「神が神自身を私に注入することは、まるで小さな穴だらけの風船をふくらますようなもの」と最後に記していました。実際、自己がないと形（体）は隙間だらけになります。そこにはもう、神に変容しようとしたり、執着したり、とどめようとしたりする自己もいなければ、神が占領したり、操作したり、圧力をかけたりする自己もいないのです。しかし、聖なる使命を果たすために、人には自己が必要です。自己は、意志や原動力などのあらゆる自己意識を持っているからです。だからキリストは、地上で神の業を示すために自己を持たなければなりませんでした。では、キリストはいったいどのようにして自己を持ったのでしょうか？　あるとき突然、キリストの人的自己に神聖な力が注がれ、聖人や預言者といった神の使者となるために、神と合一したのでしょうか？　神の媒体は、それまでも常に存在していましたが、キリストは他の媒体とどう違っていたのでしょうか？　私は前述の驚異の体験から、神がキリストを占拠したことは、人と神の合一や「神懸かり」と言う以上の意味があると思いました。

無自己は媒体になれないとしても、それ（無自己）が実現できたこと自体が非常に稀であることに変わりはありません。というのも、自己がなければこの世や自己（そして罪）とはかかわりのない「からっぽ」の器（体）を持つことができるので、神はそこに、通常の私たちの相対的な意識や最も崇高な意識でさえ知りえないような類いの「自己」を注ぎ込むことができるからです。このような人と神との混合は、理解を超えているばかりでなく、自己が神との合一に至るいかなる段階においても可能ではありません。したがって、私たちが神と合一したとしても、キリストになるわけではないのです。私たちは自己をあるいはいかなる段階の意識をも、神がキリストに形づくられた神秘と同一視できるものではありません。そのことが意味するのは、私たちが人生のうちで本当の意味でキリストと同じになったと言えるのは無自己の地点に立ったときであり、人と神なるもののあいだの溝（虚無の中の虚無）に分け入ったときなのです。ここに至って、初めて私たちは十字架上の人物と同一のものとなります。キリストがすすんで自己を、力を、そして神との合一さえも差し出したのは、神とは通常の自己はおろか、もっとも崇高とされる自己の認識さえも超えたところに横たわっているということを示したかったからでしょう。

　無自己になるまでは、真にキリストと同一であることは全く不可能です。なぜならこの究極の状態（無自己）は「見る」ために必要不可欠だからです。それまでは、神は常に内なる愛や天の力といった別世界に存在し続けます。事実、神は自己とは無関係で、十字架上の人物も無自己でした。少なくとも私にとって、これこそが、キリストからの真のメッセージです。キリストは、言葉以上に自らの死を通じて、私たちが最終的に「見る」ため、復活するため、そして自己を超越するために経験しなければならないことを見せてくれたのです。

　幼少時代にはじまった、私のキリストに関する不完全な理解は、そのままクリスチャンとしての葛藤多き人生につながりました。もし私がキリストと一つになるために真摯に探求し続けていなければ、とうにクリスチャンでいることを投げ出していたと思います。他の人がすぐに理解できるようなことでも、私はひたすら問い続けなければなりませんでした。そして、私はその暗黒の道のりを孤独に歩いて行かなければなりませんでした。キリストを心に浮かべることもできず、聖書の言葉も無意味に聞こえたので、どのようにキリストと一つになればよいのかもわかりませんでした。キリストは明らかに、私にとって情緒や知性の欲求を満たす存在ではなかったのです。キリストは、決して私の対象とはならず、むしろ私の注目を内側の静寂点へ向けられたのです。

だからこそ、一度も歴史上のキリストと内なる静寂点は重ならず、またキリストがどこか遠くの天国に住んでいるという話も等しく受け入れ難いものでした。キリストの自己と自分のそれを同一視したこともありませんでした。なぜなら全く違う性質のものであることを理解していたからです。同様に、キリストを象徴と捉えたこともありませんでした。私は幼いころより、神話やおとぎ話を信じたことはありませんでした——それらは一度、現実や真理から切り離されたものなのですから。そして、キリストは象徴ではなく、彼自身が大いなる現実そのものです。

私は、歴史上のキリストの生は完結していると思っています。もちろんキリストのメッセージや恩寵は永久に残るでしょうが、人としてのキリストはもういないのです。キリストは天の国へ昇天し、神の完全性の中に溶解してしまったので、いつまでも想像や感情、思考の中で切り離して考えるのは、私にとっては耐え難い不実な行為だと言えます。それでは、私たちはいったいどのようにして「今」と「ここ」で、キリストと一つになることができるのでしょうか？

私は、ゆっくりと時間をかけてその方法を探っていかなければなりませんでした。キリストは、愛や聖体などのあらゆる働きの中で常に神秘の存在として、静寂や暗闇の内にいました。そして、キリストを彼の目線で理解しようと思うならば、同じレベルで見なければなりません。それは、神秘のレベルであり、私にとっては深遠で謎めいた不可知の領域でした。そして、この神秘のレベル、すなわち、内なる静寂点において、キリストはようやく少しずつ神の王国のヴィジョンを見せてくれたのです。そういうわけで、私は一度もキリストを私的にとらえることができず、それを試みてもいずれも失敗に終わったのです。けれどもこの旅が終わりを迎えたとき、ついにその人と、「認識の微笑み」を通じて対面したのです。そしてこの微笑みとともに、私の理解は完結し、葛藤も消滅したのです。

　キリストは自己ではなく、自己が喪失した後に残る「それ」なのです。彼はその中味と等しい器であり、多様性を持たないただひとつの永遠の形なのです。キリストは、神と分離していない「行為」であり、神の示現、あるいは、その延長上に存在するものです。私たちは行為する「それ」も微笑んだ「それ」も知ることはできませんが、誰もがその行為を知ることはできます―キリストそれ自身である微笑みを。したがって、「行為」が神の示現（神自身）だとすれば、私たちはキリストの行為を通じて神を知ることができるということです。そして、この認識に至ったときに、キリストが私たちに伝えた真のメッセージが完結するのです。はたして、どれほど多くの人々が、このメッセージを正確に受け止めているのでしょうか。

　旅を終えて、初めてすべてを理解することができます。最初から全部わかっていればそもそも旅に出る必要はありません。同様に、キリストに対面するのも旅の始まりではなく、終わりなのです。また不思議なことに、旅の中のキリストは、常に私の前に立っていたのではなく、後ろからついていたようでした。というのも、キリストが姿を現すときは、いつも私が特定の地点に到達した後であり、決してその前や最中ではなかったからです。そして、現れたときには、必ず背後にある現実、彼自身の真実を明かしてくれました。何事も自分がはじめに実際に体験しなければ、真に確証を得たり、心から理解したりすることはないように思えます。だからこそ、キリスト者の旅は生きた現実であり、単なる知的な信仰ではないのです。こうして私たちは、旅の終わりに自分自身を発見するに応じて、キリストの真理を目にすることになります。そしてもし、恩寵の導きがあれば、啓示はその後に続いてくるのです。

　いずれにしてもこれが、私のクリスチャンとしての人生であり、それはキリストとの偽らざる、完全な真実の、最終的にキリストと一つになるための絶えざる探究の旅でした。私にとって、これまで超越的な神（被造物や自己を越えた父なる神）や内在する神（被造物や自己の内に存在する聖霊）が、問題になったり謎であったりしたことは一度もありません。そして唯一、キリストが問題だったわけで、何にもましてこの謎のおかげで私は旅を続けたのです。キリストに対する信仰と理解は、わたしたちが「見る」ことで初めて完成します。一度キリストを目にすれば、どこにいるのかがわかります。というのも、この二つは等しいからです。遍在するキリストの目撃者となれば、もはや「キリストはどこに？」という質問さえ浮かばないことに気づきます。超越的な神の居場所は特定できませんが、キリストはどこにでもいると言うことができます。なぜなら、キリストのいない場所など、どこにもないからです。

自己

自己について学ぼうと思うならば、通常は自己ではないもの、すなわち、集団や他者の自己、あるいは無意識などと比較して学ぶのが普通です。しかし私の場合、それとはまったく異なった道筋をたどって自己を知ることになりました。というのも、この旅で自己を失うことによって自己の本質を知ったからです。言い換えれば、自己が喪失した後に残る「それ」を知ることによって、何が失われたのかを知ったのです。私は自己をなくすこと、つまり無自己によって自己を学習することで、非常にユニークな洞察や経験、結論を得ることができました。この章では、そのことについて述べていきたいと思います。

私がどのように自己を認識するに至ったのかを理解してもらうために、まずは、通常の自己に関する理論や心理学的考察、学習法などをわきに置いていただきたいと思います。というのも、これらすべてが、自己は人間にとって不可欠であり、永遠に備わっている特性であるという考え方から発展しているからです。しかし私の場合は、すぐさまそうした出発点から異なっているのです。この点を強調したいのは、通常のやり方ではこれから話すことが奇異で、受け入れがたいことだと感じるかもしれないからです。逆に私は、魂や精神を理解するために、分析的、理論体系的なアプローチを取ることに疑問を抱いています。存在の主軸となる神を度外視するそうしたやり方に、私は違和感を覚えるからです。

　そもそも心に「自らを投影する」という機能がなければ、思考をする人も、行動を行なう人も、感情を感じる人もいなくなってしまうので、自己はおのずと存在できません。この自律的な心の機能のおかげで、初めて心は自らを認識できるのです。とすれば、投影機能によって心が自らを「対象」として認識するということは、意識の領域では、「主体」が「対象」と一致します。言い換えれば、意識の世界では何かを見たり聞いたり触ったりできる感覚が対象となるのではなく、常に「自ら（主体）」が「対象」になるのです。つまり、「自己」あるいは、「主体」の正体とは、心が自らを対象として見ているものだということになります。そして、この「主体」が「対象」と一致した認識の構造が、意識の本質と言えるわけです。しかし、この「知る自己」とは、意識全体を構成する二つの経験的な領域のひとつの要素に過ぎません。もうひとつの要素が「感じる自己」ですが、それについては後に詳述します。

「意識」の仕組みを「感覚」の仕組みと混同しないことは、極めて重要です。心の投影機能が、意識を内側に向けて自己意識を生みだすのに対し、感覚の仕組みは、単に外的な環境に感応しているに過ぎません。意識の仕組みと感覚の仕組みの違いは、人間と動物の違いでもあります。そして問題は、私たちが意識の対象（自己）を、感覚の対象（見たり聞いたり触ったりできる、外的な環境）とごっちゃにしたときに生じるのです。こうした問題が起こるのは、投影機能のフィルタを介して入って来たすべての外的な感覚情報に、心が誤って「主体」の印を押してしまったことにあります。それは、あくまでも外側の感覚情報であって、心そのものである「主体」とは別物なのです。

　したがって、心の投影機能が働いている限り、私たちは自己と感覚の対象を完全に区別することはできません。とすれば、その機能が永遠に停止したときに、初めて区別は自動的になり、二つの仕組み（意識と感覚）の違いが明確になるのです。しかし、実際に意識や自己に頼らず、感覚だけで生きることを習慣とするのは極めて難しく、それを習得するのも離れ業に等しいのです。

　そして、本書で起こった現象は、すべて心の投影機能が永遠に停止してしまったことによって生じました。心はもう、内面を見ることも、自らを投影することもできなかったので、私はあらゆる力を振り絞って自己意識を保とうとしましたが、心は絶えず無自己の沈黙の中に溶解してしまいました。相対的な関係において、自己は主体としてだけでなく、対象としても消滅するほかありませんでした。しかし、心の機能が完全に遮断される一方で、ある側面が不可知に向けて開かれたのです。それは、不可知を見つめる黙想的な眼差しであり、これまでも親しんできたはずなのに、ここまで視点を逸らすことができないほど完全に固定され、見ることを強要されたのは初めてでした。しかし、その状態に抵抗せず、不可知を凝視しているうちに、内側に何もないことにも慣れ、徐々に感覚が研ぎ澄まされたのです。すると、絶えず意識とともに虚無の中に溶解してしまいがちだった感覚も、常に覚醒していられるようになりました。

また、自己を失ったときに、力ずくで最後の一目を内面に向けてみると、そこに二つの虚無があることに気づいたのです。というのも、自己が消失することは神をも失うことを意味しているので、その二つの虚無が中心の空洞を形成していたからです。神聖な中心点（源）を失うことは、あらゆる生命エネルギーが枯渇してしまうことを意味しています。この「生の感覚」は、通常の感覚や肉体エネルギーと結合していない感覚なので、失ってみるまでそれが存在していたこともわかりません。そして、この言葉にできない生の感覚、先に述べた意識のもうひとつの側面を形成している感覚こそが、「感じる自己」なのです。この深遠なる生の感覚は、ごく微細なレベルにおいて「知る自己」とは異なり、むしろ意識や存在の主軸をなす「感じる自己」に属しているのです。そしてこの「認識」と「感情」という二つの側面が意識を完成し、自己として体験することすべてを生みだしています。その自己を失うことは、単なる通過の現象ではなく、自己なき生というまったく新しい状態を迎える前兆だと言えるのです。要するに、私たちは初めのこの新たな生を発見し、それから徐々に慣れていかなければならないのです。

旅の第一段階において、心の投影機能が遮断されてしまうことで、私は自己意識を失い、第二段階において、聖なる中心点をも失うことで、生きている感覚さえなくしてしまいました。[5] しかし、こうして段階的に自己をなくしたおかげで、自己の構造をよく理解することができたのです。その自己がどのように生じるのかについて、後に詳述したいと思います。自己を段階的になくすという現象が起こってから後の数週間、数ヵ月のうちに、私は徐々に情緒や感情をも失ってしまったことに気づきました。しかし、それをはっきりと自覚できるまでには一年もかかり、あの海岸でおぞましい虚無と対面するまではわからなかったのです。それは、本当に耐え難い状況でしたが、一度自己をなくしてしまうと感情の働きも停止しているので、私はまるで知らぬ間に逃れることのできない罠に陥ってしまったかのようでした。けれども、その気の狂わんばかりの状態も、あの丘の上で正面から対決したときを境に、二度と現れることはありませんでした。

ここで発見したことは、無自己の沈黙は、心のつくり出すあらゆる恐怖に対抗しうるものであるということです。感情がなくなると心は実に無力で、無自己の沈黙や静寂は非常に心強い味方であり、恩寵であるとも言えるわけです。

こうした体験を経て、言葉にできない私的なエネルギーや生の感覚がいかにして存在の核となり、その強靱な軸を中心として、感情の構造が形成されていくのかがわかりました。人の命は「種」のようなもので、存在のあらゆる側面を余すことなく表現するために発芽して、どんどん枝葉を伸ばしていきます。そして自己をなくすことは、この種を失うことに等しく、すべての枝葉、つまり感情構造を網羅するあらゆる生とエネルギーの感覚、自分が存在しているという根っこの感覚が失われてしまうことを意味しているのです。旅の第二の自己崩壊では、まさに一瞬のうちに切り倒された木のごとく、あらゆる枝葉とともに種ごと根こそぎにされてしまいました。それでもなお、命は続いていきますが、それまでとは異なった新たな生の幕開けとなります。それは個人的《パーソナル》でも非個人的《インパーソナル》でもない、「自己なき生」とも言うべき、極めてシンプルな生なのです。

そこで私は次のことを発見しました。つまり自己とは、ごく微細なレベルで起こる無意識的なエネルギーの動揺から情熱的な感情の爆発までをも網羅する、一大感情ネットワークを含むものであるということです。感情の働きは認識の構造とは異なりますが、心のあらゆる活動の深部まで浸透しているため、意識や自己が残っている限り、私たちは「感情」と「認識」を区別することができません。

通常私たちは、自分がどれほどまでに感情に左右されているのかに気づいていません。それどころか、自分が物事を客観的に眺めることができると思っていますが、実はそうではありません。主観性も客観性も同じ「意識」であり、コインの裏表を表しているようなものです。そして感情の構造が消滅すると、知性は残っていますが、別の方法で働くようになります。それがどのような方法なのかは、心がまったく停止している状態なので言い表すことはできませんが。

子供が考え始めるずっと前から「感じていた」ことを例にとると、どのように感情の構造が生じるのかがわかります。幼児は、心の投影機能が発達していくに従って、徐々に「見るもの」と「見られるもの」とのあいだに分離があることを発見し、それから自己意識を形成していきます。そしていったん自己意識を持つと、「感情」は「認識」と密接に融合します。したがってそのときを境に、もはや自己の感情と認識とのあいだに区別がなくなります。よって自己が崩壊するとき、一つの回路を構成する二重回路のような、この「知る自己」も「感じる自己」も対となって消滅するのです。

自己意識の前に感情が生じるので、意識の対象として自己を知るだけでは自己の存在を証明したことにはならないと言わざるを得ません。言い換えれば、自己を支える私的なエネルギーや感情がなければ、そんな認識は、全く活気がなく無意味です。それは、子どもがサンタクロースを信じているように簡単に吹き飛ばされてしまう頭の構造物に過ぎません。しかし、自己は自らの存在を知っているという以上のものであり、その「以上のもの」が何であるのかが、まさにエネルギーや原動力、力といった本能レベルの感覚です。これが認識の構造と結びついたときに初めて、「これが私である」とか「私は私である」という主体的な確証が得られるのです。そしてこのエネルギーは、私たちの考えや言葉、しぐさなどのあらゆる活動にまで及び、ひいては、それが「人間」というものである、という揺るぎがたい信念を形成するのです。ところが、それは大きな勘違いであることが今の私にはわかります。人は、自己よりも意識よりもずっと大きな存在なのです。

　私的なエネルギーを感じることとは、「これが私である」という認識に先立つとしても、肉体エネルギーも自分のものであるという自己意識が芽生えない限りは、自己は力を発揮することができません。つまり、どんなに力持ちの人でも、「この力は私のものである」という認識がない限り、肉体エネルギーは空気や水のように、誰のものでもないエネルギーに化してしまうのです。

　しかし、心の投影機能が停止すると、この肉体エネルギーも精神エネルギーも感じることができなくなります。当然、肉体エネルギー自体はとどまっているのですが、ただ、以前のように感じられなくなってしまいます。つまり、意識から切り離されると、自分の力で生きていると感じることも知ることもなくなります。そのため当初は、無重力空間に投げ出されたような気分になり、それが、生を「感じる」という古い生から、生を知るという新たな生の相対的な違いがわからなくなるまで続きます。ところが、新たな生に慣れると、エネルギーを感じられないことも気にならなくなります。

次に自己の生い立ちを考察してみると、最初に肉体エネルギーがあって、それから投影機能が働き、このエネルギーを自分のものと認識します。そしてこの認識を境に、肉体エネルギーと私たちが「自己エネルギー」と称する意志や精神エネルギーが分離されます。人によっては、この「自己エネルギー」を、いわゆる肉体次元を超えたエネルギーととらえます。つまり、当初は肉体エネルギーしか存在しなかったところに、心のエネルギーが加わったわけです。そしてこのエネルギーは、思考や行動に活力を与えるために、認識の構造に私的なエネルギーが浸透したときに生じます。思考を支える力や原動力がなければ、思考は単なる脳の神経的な所作に過ぎません。とするならば、究極的には自己とは思考の生み手という以上に、つき詰めればエネルギーを経験することそれ自体なのではないでしょうか——言うなれば「行為者」です。

自己の生い立ちを知れば、いくら自己を超越したいと思って感情や認識の構造を修正しようと努力したところで、それが徒労に終わることは明白です。つまり、脳の自動的な投影機能が働いている限り、「知る自己」もとどまり、「エネルギーを経験すること」も継続し、「感じる自己」も生き続けるわけです。そして投影機能が何であれ、それは自動的で、意識的に制御できないため、自己の消滅は外部的な力にゆだねるほかはないということです。つまり、自己が自らを没することは不可能であり、意識あるいは自己が自らを葬り去ると考えるのは矛盾しています。いつの日か、私たちがこの投影機能の仕組みを解明することができれば、人間と動物の違いを明らかにできるでしょう。未熟なままで人がこの投影機能を破壊することは、どんな破滅行為よりも危険です。

しかし、いつ来るとも知れないその時が来れば、投影機能はおのずと停止し、自己を必要としない生に道をゆずることになります。それは、幼児期や動物的な生き方に逆戻りをするということではありません。私たちは存在のあらゆるレベルにおいてこれまでどおりに機能しますが、ただ自己が崩壊してしまいます。それは後退したということではなく、むしろ前進したと言えるものです。一度心が人間としての可能性にふさわしい条件づけだけをされると、自己の先に横たわる「それ」を目にするにあたってもその機能を失うようなことにはなりません。

自己の有限性は、たぶん脳の中心にある松果体にたとえることができます。松果体は人間の初期の発達段階において活発ですが、後に衰退すると言われています。同じように自己も、ある特定の認識の方法として長年重宝されますが、不要となったときに退化するのです。では、いつになったら外部の力が働き、私たちは自己を超越することができるのでしょうか？　それは、私たちの精神的な成長が限界まで達したとき、すなわち、潜在能力を余すことなく発揮したときです。とすれば、自己は単に人的な「認識」や「感情」のためにあったのではなく、最終的により高い次元に移行していくための道具として存在していたとも言えるのです。とすれば、自己を持つことの真の目的は、最後にそれを超越するためです。

旅の第一段階で到達する「合一」や「統合意識」は、無自己の空間に横たわる「一体性《ワンネス》」とは違います。というのも、最初の合一は、分裂や不完全性などと比較した相対的な経験に過ぎないからです。しかし自己を超越すると、あらゆる相対的な経験は消滅し、単に、言語に絶する非相対的な「一つ」が示現するのです。けれども最初の合一が、第二の旅を始める準備段階として極めて重要な体験であることに変わりはありません。というのも、無自己に到達するために、まず真実の自己を確立しなければならないからです。

近年では、心理学的見地から自己の統合や合一のプロセスを解明すべく研究が進められていますが、自己の崩壊が研究対象となるまでには長い道のりがありそうです。少なくとも今の時点では、私は自己の崩壊の可能性を認めている人を知りません。このテーマはおそらく、老いのプロセスや真の死の本質について、人類がより深い洞察や知識を持ったときに注目されるのではないでしょうか。しかし今のところ自己は、生まれたときから死ぬまではおろか、はてはその先にいたるまで、永遠に必要な神聖なものであるかのように考えられています。こうした見方に固執することが、自己に関する知見をせばめ、いまだに解明されていない数多くの事象と同様に、つまるところ制限や限界となって私たちを罠に陥れ、存在の大革新、あるいは自己の先に横たわる「それ」に近づくためのあらゆる可能性の扉を閉ざしてしまいます。

＊　＊　＊

自己の核となるものが、私たちの根底で感じている深奥な生とエネルギーの経験であるとわかった今、種から生じた枝葉、すなわち「感情の構造」について話を進めていかねばなりません。感情の構造とは「感情」だけでなく「感覚」を含みますが、通常「感覚」は、自己とは無関係だと思われがちです。これからお話しすることは、私が感情の構造について旅で発見したことのみならず、その旅以前に学んだ多くのことをもとにして自らが知りえた事柄です。

感情の構造は、一つの相対的な連続体を形成しているので、私はそれを「シーソー」に見立てています。シーソー（連続体）の先端部は、それぞれ愛着と憎悪の極を表し、支点に近づくほど、より微細な無意識的な感情の動きを表しています。その支点が「認識の構造」だとすると、統合のプロセスはこの二つのバランスを取ることであり、究極のゴールは、相反する極に引かれることなく均等を保つことにほかなりません。そして、最もバランスを崩す原因となるのが、極の激情に呑み込まれることであると言えます。また、支点付近のより微細な感情は、いずれの方向にも向かうことができる最初のとっさの反応となるわけです。

当然ながら、最も安定しているのは二つの構造（「感情の構造」と「認識の構造」）が交差する中心部で、そこは黙想者が最終的に「静寂点」に最も近づきやすい場所であることを発見するところです。実のところ、シーソーの中心部にある静寂や平安、不動性は聖なる静寂点へとつながる入り口になるので、黙想者はその部分に注目するのです。ちなみに、一般の人が単に二つの構造から感情のバランスを調整するのに対し、黙想者は中心部を探して静寂点にアクセスしています。繰り返しますが、この「中心部」と「静寂点」を混同しないようにしてください。

感情の構造の中心は「意志」であり、その意志を燃料にして動いています。というのも、意志は活力や原動力そのものだからです。つまり、意志がなければ、感情の構造は動くことができません。また、その意志を支えているのが、聖なる静寂点なので、私たちは感情を静めることで静寂点に近づくことができます。そして、黙想者が「無欲」を重視するのは、欲望が聖なる静寂点に近づく妨げになるとわかっているからです。だからこそ「無欲」は、決して最終ゴールではなく、黙想者が静寂点を探す非常に有効な手段であるというわけです。

とすれば、黙想者は「意志」がある感情の連続体の中心部から、神との接触を試みていると言えます。言うまでもなく、私が内側の静寂点や不動性について述べているときは、それを神と定義しているのではなく、単にその経験を言葉にしているに過ぎません。つまり静寂点とは、神を経験できる私たちの内面にある非局在的な「スポット」のことです。人からすれば、その「スポット」は感情の連続体の中心部付近にあるように思え、支点である「認識の構造」の影響を受けていないように思えます。

黙想者は、常に連続体の中の最も沈静したこの部分に注目しますが、それが見つけられないときもあります。しかし、それは灯火となって黙想者の意識を引きつけ、磁石のように静寂点まで誘うのです。こうして静寂点は、連続体上のあらゆる活動を静め、平安、沈黙、不動の境地へと導きます。そして、「それ」の存在の確証の内に、自らも休息するのです。

黙想を始めたばかりのころの私は、「それ」に接触すると感激のあまりに極端に反応し、失敗をくり返すという憂き目にあいました。あまりにも過剰に反応して、神を覆い隠し、消し去ってしまったのです。心を平静に保たねばならないと知りながらも、感情を抑えることができなかったのです。「それ」に触れたときは、ただあるがままに放っておくことです。それ以外は、すべて失敗に終わります。私たちが神を無視したとしても、神が存在することをやめることができないのと同じように、神が常に私たちに触れていることを実感したときから、少しずつ私も平静を保つことができるようになりました。

私が激情に押し流されることなく、絶えず静寂点に触れることができるようになったのは、「魂の暗夜」、あるいは、合一の状態を経験した後でした。というのも、合一の状態の本質は、（人と神との）意志の合一であり、またその力の統合だからです。この地点に来ると意志は神に従い、隣人の善のために働くようになります。なぜなら、もはや私たちの意志の力が神の手中にあるからです。

統合意識とは、意志や感情の構造が使い物にならなくなるということではありません。ただし、聖なる中心点に反する意志の動きが永久になくなる、あるいはそのようなことが不可能になるのです。しかしこれに気づくには、中心点が相容れない動きや、中心点に反するふるまいが起こる状態に身をさらす必要があります。もしそれが行なわれなければ、合一の働きがどのようなもので、どんな変化が起き、合一の状態が本当はどんなものなのかについて学ぶことができないからです。そういうわけで――合一状態のあとに続く――日常生活の場は、そのような矛盾した運動が起こるまたとない機会を与えてくれます。また、だからこそ同じ状態にいる隠遁者は合一の本質を決して理解できないのです。隠者にとっては、合一が終着点なのですから。しかし、その合一や日常生活は、単に、さらに大いなる終着点への手段や道にほかならないのです。

合一状態が何であるのかが明かされたあとではありがたいことに、もはや感情の連続体の両極端を経験しないことがわかりました。というのも、それからは何ものも、聖なる中心点が与える深い安らぎや静寂、力強さの感覚を変えうることなどできなかったからです。しかし、シーソーを極に傾けることがなくなっても、その上下運動は続きました。そして、「すべては大丈夫」という内面の不動性が確かであるかどうか試されるべく、私の場合は数年間も外的な試練がふりかかってきました。ときには激情に呑み込まれてしまいそうな瞬間もありましたが、最後のところで必ず静寂点が開いて広がり、すべてを静寂の中へと連れ戻してくれたのです。

こうして何年間も日常生活を送ったのち、どんなことがあっても最初のとっさの反応以上は起こさずに静寂点に戻る方法を、いつの間にか身につけていたことがわかりました。私は元来、本能の赴くままに生きたり、感情に溺れたりするようなタイプではなかったので、最初のとっさの反応にそのまま乗ってしまうことはありませんでした。とっさの反応は、いわば反射的なもので、私が制御できることでもないので、信用していなかったのです。また私は、そのときの気分で行動するよりも、もっと賢く生きていけると思っていたのです。

　私はその日の気分に信頼を置いたり、願いを持ったり、あるいは特別の思い入れを置いたりするほど愚かではありませんでした。そのため私は、こうしたとっさの反応を絶対的な静寂の境地の途上にある奇妙な行き止まりのように感じました。それらの反応に害があるわけではありませんが、それまでに出遭ったどんな感情の動きよりも不可解に思え、さらにそれが自分の一部なのか、神の仕業なのか、それとも本能的な働きなのか定かではありませんでした。結局私は、それが自分と神とのあいだにある隔たりが現れたもので、それは不思議な境界線であり、私の知りえない行き止まりのようなものであるとして一応片づけたのです。しかし、「なすがまま」の姿勢で、すべてをもっぱらありのままに観察できるようになったとき、ある興味深いことを発見したのです。

　どうやら感情の連続体の中心部と静寂点とのあいだの空間が、対抗する二つの力の戦場になっていたようなのです。その戦いは、感情の両極でも、二つの構造（感情の構造と認識の構造）のあいだでもない二つの謎の力のあいだで起こっていて、私自身とはまったく関係がないようでした。そんなあるとき、自分の中で激化する戦闘にまったく巻き込まれずに静かに観察するというユニークな体験をしました。そこで、初めて自問してみたのです。誰がこれを観察しているのだろうか？　外から傍観しているのはだれだろうか？　当然ですが、そんなことがわかるはずもありません。戦いが終わったときには何かとてつもなく大きな問題が解決するのでしょうが、とにかく、すべてが謎に包まれたままだったので、黙想生活のひとつの神秘体験として、ひとまずわきに置いておくことにしたのです。[6]

ところがしばらくすると、この戦闘が自己を維持しようとする力と自己を滅ぼそうとする力との争いであることがわかりました。ただし、それは意識の外で繰り広げられており、介入不可能なもので、人がコントロールしたり選んだりできる類いのものではありませんでした。私はせいぜい、それに気がつくことしかできませんでした。また、それら相反する力のあいだにはどうやら「扉」のような境界があるようで、あたかも守備側がその扉を固く閉ざそうとしているのに対し、攻撃側がそれを突破しようとしているかのようでした。そして戦いの終焉とともに、不思議とあの最初のとっさの反応も消滅してしまったのです。しかも私は、いつでも静寂点に一致できるようになりました。そして、その一致が成されたときに何が起きたのかが、この旅の物語であり、それはあらゆる感情の動きのみならず、情動を含む感情の連続体そのものを超越する旅でした。

こうして静寂点は、日常生活の中でゆっくりと数年をかけ、感情の構造を自らの沈黙の中へと呑み込んでいきました。そして、その沈黙が不動のものとなったとき、感情の連続体も、自己もなくなり、ついにはそれらにかかわる静寂点さえも消えてしまったのです。究極的に、神との合一とは、合一すべき何ものも残されていない状態、すなわち自己（感情の連続体の中心点）と神（静寂点）とのあいだのへだたりが消滅したときに、本当の意味で完全に達成されるのです。そのときに残るのが、紛れもない「それ（存在するすべて）」なのです。

最近、ある友人が私に、感情構造の崩壊は、精神病の兆候だと言いました。そんなことはかつて一度も聞いたことがないので、証明することはできませんが、私はむしろ逆の見解を持っています。感情の構造は、あらゆる精神病の「原因」となるだけでなく、すべての人間の苦悩の種となるものです。というのも、どんな病も感情の構造がなければ精神的苦痛に発展しないからです。恐れや不安感を感じなければ、そもそも精神的に煩わされることはないのです。

これに並ぶ話ですが、ある男性が「自己を失うと考えただけで恐ろしい」と言いました。でも、この男性が明らかにわかっていなかったのは、自分の感じている恐怖や不安こそが自己だということです。実のところ、自己がいないという確かな兆候は、こうした感情的な症状がなくなることです。ですから、自己をなくすことに恐れがあるかぎり、自己が残っているのです――いずれにせよ、この場合は何の心配もいりません。でもだからこそ、本当に自己を超越した人たちを決して精神医学の文献に見い出すことはないでしょう。感情の領域に問題がなければ、精神科医や精神分析医にかかる人たちはほとんどいなくなるはずで、だとすれば、精神医学は、感情の構造や自己のためにある学問だとも言えるわけです。

とはいえ私たちは、感情のない人生を恐れて感情の構造にしがみつきます。もし感じることがないと、非人間的で冷酷で無神経なロボットのような人間になるのではないかと恐れるのです。そんなふうにしてこの世から切り離されるぐらいなら、死んだほうがましというわけです。言うまでもなく、こうした考えは単に、すべて未知のものに対する恐れから生じる神話（あらゆる神話は未知のものへの恐れから生まれます）のようなもので、真実ではありません。感情の構造のない生を言葉にするのは非常に困難ですが、あえて言うならば、それは、ただ生きる、という生き方で一切の思考をはさみません。言い換えれば、「今この瞬間」に起こるあらゆる出来事に一〇〇％集中するというダイナミックで力強い生き方です。それは、敏感で、反応的で、完全に健常な肉体器官を維持したまま、目覚めの状態が継続している状態です。こうして完全に自己のない状態に慣れると、もう何かを欲したり、不足に思ったりすることはありません。そして、他者の自己と接触することによってのみ、自己や感情の構造があった状態を思い出すのです。

感情のない次元を想像するのが難しいのは、一つには、ほとんどの人が感情の構造の真実が何であるかを十分に理解していないからです。人によってはそれを、人間のうちにある「愛」の働きのように思う人もいますが、実際には感情の連続体におけるほんの一面を表しているに過ぎません。また、その正反対にある怒りや憎しみは、人間存在のうちにある邪悪な力が生み出すものです。人に責任のない悪などないと私は思っています。しかも不運なことに、こうした感情の極は互いに遠く離れているのではなく、相対的に関連し合っています。私たちがこの相対性のジレンマから脱出するには「良い」側面だけで生きればよいのでしょうが、そうはうまくいきません。私たちは潜在的にその全てを体験するかしないかの二つに一つしかないのです。その中の感情のいくつかは、あまりにも微妙なもので、認識あるいは肉体的なものとさえ勘違いしてしまうこともあります。この感情のシステムを追い出すことが不可能だとわかると、せめて平安でいられるように精神統一をはかろうと思うのです。

だからこそ、感情の構造の根底には「感情的自己」があるということをよく吟味し、はっきり理解する必要があります。感情的自己とは、生きているという感覚、自らのエネルギーや意志の感覚です。それが枝を広げてあらゆる欲求や希望を生み出し、あらゆる知覚と思考を彩り、ひいては美的感覚や充実感、平安、倦怠感、孤独感などの経験へと発展するのです。要するに感情の構造とは、内面で生じるあらゆる心の活動であり、私たちが知っているような黙想的な霊性についての漠然とした意識をも含むのです。

このように自己の役割ははかり知れないので、それを失ったなら、道徳観念や人の行動、人間関係、形而上学の本質などはどうなってしまうのかが必ず問題になると思います。自己がないとしたら次のような疑問が生じるのです。つまり「何を基準にして、良い人生とか、正しい行ないや決断、価値観の判断を下せばよいのだろうか？」と。ところが無自己に至ると、そこには基準など一切ありません。不可解な言い方でしょうが、これは真実です。しかしそれは、無自己の状態にのみ当てはまる真実であり、無自己のレベルに至る以前では基準が必要となります。なぜなら、基準をつくってそれに従うのが自己の本質なのですから。

生きるにあたって何の基準もなく、努力もいらず、選択の余地もない状態を想像するというのは難しいことです。多様性がなく、相対するものを統合することもなく、さまざまな違いに直面する必要もない、そうした非相対的な領域を、知性は決して理解できません。この状態では、わざわざありもしない感情の連続体の中をのぞき込んで何かの感情を選択する必要もないので、ただまっすぐに「一体性《ワンネス》」を見つめていればよいのです。また、過去を振り返ることも未来を見ることもありません。なぜなら今の瞬間はそれぞれの今の瞬間に満ち足りているからです。何の選択肢も基準もなければ、今の瞬間の外に踏み出すことはありえません。

こうした特殊な状態への洞察を得ようと黙想についての文献を色々探したとき、この非相対的な領域についての解説が見当たらないことがわかりました。自己とは内なる感覚によるものなので、私の調査の対象基準は、その内面生活がなくなった状態のことに向けられていました。それが見つからなかったのはもちろんのことで、代わりに私が見つけたのは、愛や至福、光やエネルギーの体験、内なる神や真の自己などについてよくあるように書いてあるものばかり。それらはすべて旅の第一段階の現象であり、感情や相対性の領域を脱していないものでした。

私も上記のような体験をしましたが、それらは旅の第二段階の現象ではありません。そして、感情的な生が完全に消滅する可能性について記述した本は、ただの一冊もありませんでした。感情については、よくて、否定的な感情が消滅すると書いてあるだけで、それについても大いに疑問が残ります。というのも、仮に私たちが肯定的な感情だけを選択したとしても、バランスを取るために、遅かれ早かれ対の感情を味わうことになるからです。

連続体の中心部以外は、すべて相反する側面があるので、感情の構造自体が存続する限り、自らの経験の相対性を超えた領域には決してたどり着けません。要するに、愛や至福、喜びなどの筆舌に尽くしがたい感情は、すべてそれに反する感情の上に成り立っているのです。だからこそこうした記述を見かけても、それが自分の探しているものではないことがわかったのです。そうした文献は、第二の旅や自己を超越した領域について述べているものではありませんでした。

　もしかすると、感情的な生が完全に崩壊するという展開は、外部に隠蔽しなければならない奥義的な教えだったのかもしれません。そして、黙想の熟練者たちにでさえもごく限られた情報だったのかもしれません。また、実際に体験しないとわからないことなので、未来の展望として伝えるには、人々の恐怖心をあおりかねないと考えられたのかもしれません。どういう理由であれ現時点では、人が理解し、期待しているような天国的な絶えざる至福の状態というのが黙想の最終ゴールと考えられていますが、残念ながら真実はそうではありません。天国はまた別のところにあるのです。

　ともかく自己がある限り、感情の構造は人生という土壌に根を張った頑強な木に成長し、大人たちの拠り所になります。そしてこの木の難点は、良い実も悪い実も結ぶことであり、実を生み出す力がある限りいずれかの実がなるということです。つまり、科学や文化の功績を生み出す知識が支払う対価には、多大な恩恵を与えてくれるものもありますが、リスクもあるわけで、しかもこの木に実を結ぶもので永遠なるものなどひとつもないのです。要するに自己は、人間が存在するうえでの一時的な側面であって、人は最終的に自己なしで生きることを学ばなければならず、それが今でないにしても、いずれその時がやってくるのです。

感じる自己の喪失を考えるうえで、それをめぐる最も大きな問題は次のようなことでしょう。すなわち、良い資質の代わりになるものは何なのか、でなければ、慈善や思いやり、同情や愛といったものをどう説明するというのか？　もし、こうした美徳を失うとして、そのような非相対的な状態が「より優れた」状態と言えるのか？

ひとつ確かなことは、旅を終えた人はこのような疑問を抱かないということです。というのも、美徳は感情に依存しないため、それが失われたという意識がないからです。もっとも、今までのように美徳を実践する必要がなくなります。言い換えれば、すでに在ることをわざわざ実践しなくてもいいのです。それは、旅を終えた人が不親切になったり、不寛容になったりするということではありませんが、以前なら努力しなければ得られなかったものが、今はただごく自然に「そこ」に在るので、取りたてて美徳を実践する必要がないのです。でも、実際にその状態を体験してみなければわからないことなので、そうした疑問が湧くのも当然のことかもしれません。そしてあるとき、最初にそのことを聞かれた際には、むしろ私にはその意味がわかりませんでした。

とある信仰心の厚い友人が、私の手記を返す際に「旅のあとにあなたがどう変わったのか知りたいのです。どんな効果があったのですか？　今、どんなふうに違っているのでしょうか？」と尋ねてきました。自分では、もう十分に記録の中で書いたつもりだったので、この質問を受けたときには正直言って驚いてしまいました。いくら私に文才がないにしても、自分に起こった変化はあまりにも明確ですし、遭遇した数々の現象自体がすべてを物語っていると思っていたからです。けれども、友人の質問で、私はそれが誤りだとわかりました。たとえどんなに書き続けたとしても、自分にとって非常に明らかな変化でも、それを他人にはっきりわかってもらえることはないと気づいたのです。そんなとき、ある人がインドのことわざを教えてくれました。それは、「見たりと語る者は見ず、見し者は語らず」というものでしたが、私はそれに「見たりと語る者でさえ、語らず」とつけ加えたいと思います。つまり、言っても言わなくても、あまり変わりはないということです。

それでも、友人の質問のことが気にかかり、何か自分が書き落としたことはないか（書いていないことがたくさんあります）あれこれ考え続けてみたのですが、どれも友人の質問への適切な答えにはならないと思いました。結局、その友人が聖職にあることから、私は彼がごく一般的なキリスト教的な準拠枠の「木はそれぞれ、その結ぶ実によってわかる」〔訳注 ルカによる福音書六章四十四節〕のことを言っているのではないかと判断しました。すると質問は「あなたはより善い人、より慈善的で徳の高いクリスチャンになったのですか?」ということになります。その問いに対して「いいえ」

と答えるのはとんでもないように聞こえるでしょうが、それが正直な答えです。旅の最中にどんなことを体験しても、最後に人に示して見せるものは何もありません。また、実際に美徳を実践する機会も発生しないので、以前よりもそうした行為は減少します。けれどもそれは、善がなくなったということではなく、美徳を実践することがなくなっただけなのです。端的に言えば、美徳や悪徳を実践する活力源となっていた意志がなくなってしまったのです。美徳の実践には、ある種の肯定的な「力」や「意志力」が必要ですが、意志がなければいずれの力も失うのです。

　前述で明白にしていなかったとすれば、ここでもう一度強調しておかねばなりませんが、意志の力は「感じる自己」や個人的なエネルギーを体験する上での核心であるということです。思考自体には行動する力はなく、実際に行動に移すには意志の力が必要です。つまり、自己の核となっているのは意志、もしくは意志を働かせる力だということであり、この事実は自己に関する重大な気づきでした。[7]

　私はよく、意志が「認識の構造」よりも「感情の構造」に近いのではないかと思っていましたが、いずれの範疇にも分類できずにいました。というのも、少なくとも経験的には、意志は、思考や感情よりもどこか優れた不思議なものだったからです。しかし今では、意志が認識力のある知性が到達できず、理解できないような深淵にまで達するものであり、感情の構造のあらゆる反応の根源となるものではないかと思っています。初めに感情の構造が消えるとき、感情もしくは感覚が出し抜けに崩壊するのではありません。むしろ、まさにそれらの力の源である意志が停止するのです。その結果、感情の枝葉がゆっくりと衰え、私たちがそれに気づく前に姿を消してしまうのです。

　意志こそが自己です。よって自己が静寂点の内に消滅する際には、いかに感情の構造も根幹から絶たれ、永久に沈黙してしまうかを知ることができます。そしてこの旅の最も特異な側面のひとつは、こうした意志のまったく動かない状態に順応していくということです。私的なエネルギー（肉体的エネルギーとは異なる）の源であった意志がなくなることによって、エネルギーや生命の枯渇感が生じ、自己を消滅させるのです。そしてこの旅の大部分は、意志のない生に慣れるためのプロセスというわけです。でもそれは、個人的な生命の木を超越したところではどんな実もならないこと、つまり美徳も悪徳も実を結ばない、ということへの説明になるかもしれません。

　実際問題として、今の瞬間を生きるとき、何をどう感じるべきかといったことは問題ではありませんし、葛藤したり、争ったり、何かを実践したりすることもありません。なぜなら、この瞬間は、それが時間的なものであろうが内的に連続するものであろうが、過去も未来もありません。またどういうわけか、各瞬間はそれ自体が、人生のほんの些細な出来事それぞれに対する適切な行動を伴っており、考えたり感じたりする必要がないのです。私が「すること」と呼んでいるのはこうした行為であり、内面で意志やエネルギーを感じられなくても行動することができます。このような非相対的な次元は理解するのが非常に難しいので、数多くの心理学的、哲学的、神学的な疑問を生み出しています。それは、私たちが一度は当たり前だと思い、不滅のものだと信じた論理や理論、慣習を超越しているので、決して知的な基盤では理解できません。そしてこの「直接体験」（もしそう呼んでいいのならば）以外、この非相対的な領域を知ったり気づいたりできるものはありません。その次元は見えるものではありません。そこには見るものは何もないのですから。

　それでもなお、私はいつもクリスチャン的な物の見方に疑問を持っていたと言わざるをえません。他の誰かが見つけた果実にあずかることは、他者の主観的な判断や意見に依存してしまうことを意味し、多くの場合、その観察したもの以上にその判断基準が疑わしいからです。たとえば同じキリストの偉業を目にしても、人によってはそれを悪魔の仕業とみなし、別の者はそれを狂気の沙汰と思ったわけです。キリストについて、二人として同じことを言う者はなく、実際に彼がどういう人物だったのか、真に知る者はいないのです。それでも、キリストを知るためのある別の方法があります。それは、私たち自身が神と一体になることによって、キリストを内密に個人的に理解するという方法です。それ以外の方法でキリストを知るのは不可能でしょう。

さらに話を進め、誰かを知ろうとするときのことをお話ししてみます。私はそのような場合、その人が自分自身について語った言葉をあまり信じすぎないようにしています。というのも、言葉は聞く側にとっても話す側にとってもごく限られているからです。懐疑的に聞こえるかもしれませんが、他人を知るためのもっとよい別の方法があると私は確信しており、その方法とはある意味、その人のことをまったく知ろうとしないということです。

この仕組みを理解しようとするならば、私たちは通常の認識のやり方を超えて、まず、矛盾があるかのように思える非相対的な領域に足を踏み入れる必要があります。つまり、自己がなければ他者もいないわけで、しかもそれゆえ両者の結びつきもありません。では、どうやって非相対性の中で他者を知ることができるのでしょうか？　言い換えれば、自己も他者も愛もなしに、いったいどのように自分を愛するように隣人を愛することができるのでしょうか？　これにお答えする前に、少なくとも私にとって、旅の最中でもそのあとでもなぜ人間関係が変わらなかったのか、新しい認識の仕方に移行する境界線を越えても人間関係に影響の出ない人生の一側面であることができたのかについて説明したいと思います。

そのためにはまず、旅に出る以前に私がどのように他者を認識していたのかについてお話しすべきでしょう。というのも、それが本当に説明する必要のある事柄のすべてでしょうから。

私が外見にわずらわされることなく他者を知るという方法について初めて知ったのは、幼いころのある晩、夕食の席について議論を聞いていたときでした。父が、あるイエズス会士の子育ての方法に関する考えを引用しながら、議論の口火を切ったのです。その中で、イエズス会士は幼児を人生の植物的な段階に比較していました。しかしそれも母によってさえぎられるまでで、あまり長くは続きませんでした。「その人の話を引き合いに出すのはやめてちょうだい」と母は言いました。「その人は子供なんか持ったこともないくせに！」。そこで議論は終わりました。でも、その後の会話はもっと面白いものだったのです。

母は決して、我が子をエンドウ豆やニンジンに見間違えたことはないようです。それどころか、幼児の無垢な瞳をとおして神聖な輝きを見ることができると主張したのです。母が言うには、一度でもその光景を見たら二度と忘れられないのだそうです。当時は、母親が私の中に見て、自分には見えないものは奇跡の偉業と思い、母親になって初めてこの現象、つまり他人の中の神の光景を目にすることができたに違いないと思ったのです。けれどもあとになって、自分自身の内に見たものが他者の内にも見えたのだとわかりました。

母の人生観は、内なる自己を見つめるということに基づいていました。私が母に、退屈であるとか、遊び相手がいないとか、その他子供にありがちの愚痴をこぼしに行くと、母は自分自身の外側に決して幸福を求めてはいけないことを思い出させたものです。そして喜びや充実感は自分の内面にしか見い出せないものなのだから内面を見つめなさい——探しなさい——と言いました。自分の外側に求めるとき、一時は見つけたと思うかもしれませんが、それは長続きしません。ですから、幸せになるために他人や物質的な所有物に依存してはならない、あるいは、満たされなかったらひどく落ち込むような期待に決して心を向けてはならないというわけです。さらに母は、孤独を楽しみ、一人で時間をすごす方法を学ばなければならないと強調しました。けれども、このように生きるには、まず内面の資源を耕さなければならず、そうすれば人生に何が起ころうとも、何事もなかったように生きていけると言い添えたのです。それからというもの、こうした母の人生観はあらゆる状況にふさわしい形で、数多くのバリエーションをもって私たちに示されました。

私は意識してこうした考え方を踏襲したわけではありません。ある意味、母親の言っていたことの多くが成長過程の一部として身についていったので、そうする必要もなかったのです。誰かが私に、自立することや、自らの手で人生を切り開いて自分自身の幸せを見つけなければならない、などと言う必要がありませんでした。けれども大人になるにつれて、母がどれほど大きな宝を自らの内に見い出していたかに気づいたのです。自立することの真のチャレンジは、ただこの内なる資源を開拓することに尽きました。幼いころからのこの見解のおかげで、私はどうにか——無意識ながらも——人間関係の問題をうまく回避することができたのです。というのも、端的に言って、私は他の誰かに頼ることなどまったく期待していなかったからです。さらに、私が他人に対して尊重し習得したことといえば、その人たちの自立でした。なぜならそれが、自分の内でも真っ先に尊重していたことだったからです。

しかし、中には最大の関心事や人生観が人間関係で成り立っている人がいるようです。つまり、万事を人間関係や相互依存の観点からとらえ、自分の生き残りがそれにかかっているかのように思うのです。こうした見方は、自らを人として完成させるには自分と他者が不可欠であるということに大きな重点を置いており、人間関係がいちばんの関心事であるのと同時に、いちばんの問題にもなります。私はこうした見方にまったく馴染めないので、あまり意見できることはありませんが、内なる真の「他者」に向かう前に、外側の他人（自分ではない人）を求めることで自分自身を完成しようとするならば、それは誤ったやり方——悲劇的な間違い——であるのは明白のように思えます。

私たちは合一や完全性に至る真の「他者」と一体になって初めて、人間関係のあらゆる試練を乗り切ることができます。こうして外的な世界との関係において何が起ころうとも、ボロボロにされたり、動揺したり、迷ったり、依存したり、問題のないところに問題を見たりすることがなくなるのです。私たちが安心と独立という力強い感覚への鍵を見つけるのは、その他者――私たちの存在の中心にある静寂点――に出会ったときにおいてのみです。そのときに初めて、他人に対して寛大になり、相手に自由を与え、心を開き、理解を示すことができるようになります。もしも何かしらの理由で、この内なる資源を見つけられないなら、外側のものをつかむしか選択肢がありません。そして人間関係のあらゆる問題を生じさせるのは、この内面の代わりに外側に向かうという未熟な行動なのです。人生の真の問題は人間同士のあいだに起こるのではなく、自分と、自分の真の「他者」とのあいだにあるということです。

では、私たちが神の内に自らの完全性を見い出したとして、それからどのように他の人たちとかかわるようになるのでしょうか？　私たちが他人を見て愛するものは、すべて私たち自身の内にあるものです。よって内側に神を見い出せば、自分を愛するように他の人を愛することができます。私たちはみな同じ真の「他者」を共有しているからです。しかも、神の愛は感情の構造を超越していますから、当然私たちの他者に対する愛も、感情の領域を超えたものになります。

子供のころに一度、神さまよりも愛犬のほうをもっと愛していると思うのだけれど、それはどうしてなのかと父に尋ねたことがあります。父は「お前が感じているのは『幼い愛』で、神への愛というのは、神に背かない強い決意のことだ」と笑って答えました。そのあと私は、感情の愛と神への愛について父と議論し、感情は愛の影響を受けることも受けないこともあるが、愛そのものではないという結論に達したのです。すると、基本的に他人を愛するとは、自分と同様に相手にも善を願うのはもちろん、相手を傷つけないという強い決意でもあるわけです。ですから、私は人生の早い時期から愛は感情ではないと確信し、人生のさまざまな経験を経ても、それに矛盾するような事柄には出会いませんでした。

けれども、感情とはかかわりのない「愛」を理解する人は少なく、また、「感情の愛」がすぐにこじれてしまう理由も一目瞭然です。私は、感情や執着から切り離して交際することができない人を大勢見てきました。そうした人々は、相手が鏡のように望み通りの反応や冗談、考え、価値観を返さないと、すぐにいやになって別の人を探しに行ってしまいます。一方、相手の内に自分ではなく、神を見るならば、自分のフィルタを介さずに、直接相手を通して神を見ることができます。すると相手の神性は、決して定義できるものでも触れられるものでもなく、ましてや所有したり、きちんと意志の疎通ができたりすることさえ不可能なことに気がつきます。

旅を始める前から、私は他人に対してこうした見方をしていたので、感情の構造が崩壊した後でも、人間関係に変化はありませんでした。ただし、他人に対する認識の仕方に変化がありました。以前はまず相手の人を見てしまい、その人の真の「他者」を見るのはその次でしたが、今では真っ先にその「他者」を見るようになりました――では、その人個人についてはどうでしょう？まあ実のところ、少なくとも以前のようには、私はまったくと言っていいほど相手を見ません。私はその人自身の代わりに、考えや行動、決断、葛藤、その他多くに目が行くのです。というのも相手の人の自己が、そこに本当に存在するものによって弱まり、影を薄くされているので、私は相手の自己を見ることがないのです。

繰り返しますが、私たちは自分の内にあるものだけを他人に見るのです。ですから自己を失えば、他者も存在しません。経験のレベルでは、一人で生きている人などいないというのが真実でしょうが、そのレベルを超えると究極的に、多様性は「一つ」だけを残して消えていきます。したがって、違いという経験的なレベルでの関係性は存在し続けますが、そこでも私たちは存在するすべてのあいだに本来備わっている絆に気づいているので、その関係性にはさまざまな問題がありません。どんなに厚いヴェールで覆われていたとしても、非経験的、かつ非相対的な「一体性《ワンネス》」は、私たちが知っているあらゆるレベルに存在しているのです。

私の長男は、それぞれ外見が異なる状況下で、誰もがみな同じであるという考え方に異を唱えています。たとえ私たちが神とつながっていても、それぞれの個性は永遠に独自性を保つというのが彼の主張なのです。みな同じという概念に、彼が反発したくなる気持ちもわかります。というのも、そうした概念は、どうしても神が退屈で、面白味のない存在であるというイメージを与える上に、多様性が認められなければ、私たちの個性など無に等しいからです。しかし、「経験的な形（肉体）という限界を超えると、万物の本質はみな同じである」ということの本当の意味は、万物が共有している「神」を指しているのです。すべての形が同じ粘土〔訳注　創造・生命の象徴の意〕からできているということへの理解は、形の多様性や独自性を何ら損なうものではありません。それどころか「同一性」と「多様性」、「一つ」と「多数」が共存していること自体が、神と存在するすべての独自性であり、まさに本質です。

　こうしたことだけを見ても、自己だけでは私たちの個性や独自性を到底説明できません。ただ自然に目を向けさえすれば、木や雲、動物は自己を持っていないけれども、なんという独自性、多様性、変化に満ちているのだろうということがわかります。自己は本物の個性を形づくるのではありません。なぜなら、自己がなくなった後でも、こうした本質的な独自性は残るからです。「私の存在、私の人生、私の個性」といった理解しにくい感覚は、感情の構造の中心から生まれてきますが、もし自己がなければ、こうした自己支配や誤った自己認識の感覚にとらわれることはありません。いったん「真の存在そのもの」を目にすれば、異なるものも実は同一であることに気づきます。また、外見上の形の独自性を失う恐れについてですが、ちらりとでもその形の背後にあるより個性的で活力のあるダイナミックな生命を見れば、恐れはなくなるでしょう。一歩先にはそれが待ち構えているからです。一目でも見れば、私たちの今のあり方が退屈で活気がなく、比較によって無意味に区切られているのがわかります。そのことがわかれば、直ちに先に進みたくなるはずです。

以上が、自己について私が学んだことです。人が自己を必要とするのは、それが人間として知覚する方法——経験すること——だからです。自己がなければ私たちが知る「通常の人」として存在することも生きることもできません。したがって自己とは、肉体的な死や未知の状態に対する防衛機能であり、少なくとも、ある期間は生きるために重要な方法でした。私たちは、空気や水と同様に自らの人間性をつくり出したわけではありません。自らの手によって自分を創造したわけではありません。また、意識も、それを動かす心の投影機能も、中心にある活力源もつくっていませんし、自由意志や感情の構造に関しても同じです。自己を超越して初めて、私たちの本来のあり方が負う、人としての責任はとても小さく、選択肢もごく限られたものであり、他の対象との衝突を避ける程度にしかないことがわかります。そのことは、（自己がないために）感覚器官がしっかり機能しつづけていることを意味しています――一体誰がこの秘められた知識を想像できたでしょうか。

私たちの選択や行動の範囲を超えたところで、すべてが未知なる知性によって動かされています。そしてすべてが、その知性の向かう行き先に従って、ひとつの確かな方向へ変化しつつ動かされており、その当座の目標は、その動きそのものです。ゆえに私たちは、さまざまな次元、異なる知り方や在り方を行き来し、絶えず変化し、絶えず移動しているというわけで、この運動こそが私たちの喜びであり、啓示であり、まさに生命です。

この旅において、私たちはさまざまな美と畏敬の念にかられるものに出会います。そして一歩進むごとに「今」を手放し、過ぎ去るものにしがみつくことなく、新しい局面に踏み込んでいきます。流れに逆らおうとする試みの中では、自らの洞察や考え、経験にしがみついて、個々にそれが究極であると思い込んだりしますが、結局はすべてを投げ出して前に進まなければなりません。なぜなら、あるときは絶対に必要なことが、別なときにはそうではなくなる、この変化こそが生命の動きだからです。

旅のある時点で自己が現れ、やるべきことに貢献してから手の届かない永遠の彼方へ消え去っていく、そのとき自己は、旅の一部であり、すべての人が通過しなければならない主要な部分と言えます。

しかもそれは、人間だけに任された唯一の動きの局面です。けれども、万物が変化する運命にあるように、自己も最終的には崩壊して無の中へと溶けていきます。そして私たちが知っている決して変わることのない、終わらない唯一のもの、それがこの生命の動きなのです。

黙想者とは、この動きに気づいている者のことであると私はとらえています。黙想者は最初、その動きに合わせようと奮闘しますが、そのうちに努力しなくても自然に動かされていることに気づきます。それから、その一部になるため（合一するため）に自分を棄てるのですが、最後には、自分がこれまでずっと、その生命の動きそのものであったことに思い至るのです。

---

5)　自己の崩壊には、二つの段階があります。最初の段階は第1章で述べている現象で、次は第2章で述べている現象です。そして、最も尋常ではない段階は、心の投影機能の原動力でもある存在の中心点が突如消えてしまうという段階です。自己というものは、ある特定の「認識の仕方」という以上の存在です。それは、言葉を超えた、存在、生、そしてエネルギーの感覚なのです。

6)　この戦闘は、言葉を超えたものですが、あえて言うならば、最初は小さないざこざのようなものが私の内面深くのどこかで勃発し、それが数日間続きました。しかしある午後、戦いが激化したので、私は為す術もなくただ見つめていました。ところが、観察しているうちに双方の視点が見えてきたのです。一方は何かをこじ開けようとし、片方はそれを頑なに拒んでいるようでした。最初は、善と悪の戦いではないかと思ったのですが、何も感じられなかったので、私自身にはまったく関係のないことがわかりました。結局、戦いの終わりを見届けることも、どちらが勝利したのかもわからないまま、突如圧倒的な沈黙で覆われてしまったのです。その後、二つの力は現れたのと同じような不可解な形で忽然と姿を消してしまいました。

7）　冒険を振り返ると、意志にも三つの重要な転機が訪れたことがわかります。初期の段階では、意志は善と悪の選択の自由を与えられますが、究極の善（神）に近づくために、ありとあらゆる美徳を実践しようとします。しかし、次の段階で統合意識に至ると、選択肢は善のみとなり、最初のとっさの反応もすべて善や美徳から生じます。この段階では、意志は神と一致しているので、善に反することはありません。また、行動もすべて反射的なものとなり、美徳を実践する必要がなくなります。自己が崩壊するという最後の段階では、意志は身動きもできないまま静かに消えてしまいます。というのも、意志は自己にほかならないからです。そして、意志がないことは自由がないことを意味しています。それは、選択肢のない生なのです。また、「神の自由意志」という表現がありますが、神は善も悪も超越しているので、そもそも意志も選択もありません。とすれば、「神の計画」のほうがより的確な表現だと言えるでしょう。

結び

図書館や書店、その他で資料を調べてもまったく得るところがなかったのですが、私はずっと孤独に旅を続けていたわけではありませんでした。さんざん探し回ったあげく、援助の手は自分の裏庭にあったことがわかったのです。友人であり隣人でもあるルシルも、驚くことに同じ旅に出ていたのです。当初から私はルシルを魅力的な女性だと感じていました。彼女は驚くほど知的な女性で、その人間的な強さと品位、思慮深さには完成された人間としての風格がありました。しかし、この旅に出るまでは真にお互いを知ることはなく、不可知をさまよう二人が出会ったことは、お互いにとって非常な驚きで、単なる偶然とは片づけられない予期せぬ恵みでもありました。

ある午後のこと、私は図書館に行こうとして、もしやルシルも日課の散歩で同じ方向に出かけるかもしれないと思い、彼女の家に寄ってみました。すると散歩の支度をしていたルシルが、何気なく「どう？　何か変わったことない？」と聞いてきました。それで私は「何だか、自分というものがなくなってしまったみたい」と答えたのです。するとルシルは、さも驚いたように振り向き、「あなたともあろう人が！　自分をなくしたですって？」と言って、私の支えが必要なほど笑い転げてしまったのです。ようやく笑いやんだ彼女はこちらに向き直ると、「今度は真剣に聞くけど、自分がないって、いったいどういうことなの？」と尋ねてきました。そこで私は「わからないのよ。だから図書館に行くところなの。それを見つけるためにね」と言いました。すると彼女はふたたび笑い出し、つられて私も笑ってしまいました。だいたい、自分をなくしたというほどおかしな話が他にあるでしょうか？

一緒に歩きながら私は、この尋常ならざる状態について話し、実際の症状をいくつか説明しました。ある地点までくるとルシルは立ち止まり、私に向かってこう言ったのです。「ねえ。あなたが今言ったこと、私も身に覚えがあるのよ。ただ、あなたはまだ若いのに、どうしてそんなこと知っているのかと思って驚いているの。あなたが話してくれたことは老化のプロセスに起こることで、これは最後の数年で体験する意識の変容なのよ。人生の最後の段階で、新しい生に移るための準備を整えるの。だけど、あなたはまだ若すぎるわ！」

当時八十五歳だったルシルは、自分が体験していたことを四十近くも若い女性が打ち明けたことに対して驚いたと同時に少し懐疑的でもあったようです。どうしてそんなことが起こるのかわからないようで、当然ながら、私も同じ思いでした。人はいつ死ぬのか誰にもわかりません。もしかしたら私のほうが彼女より先に死ぬかもしれないのです。だとしたらこの場合、私も準備を整えたほうがいいだろうと遠回しに口にしてみました。すると彼女は「何が起こってもおかしくないけれど、これは普通じゃないわね」と答え、「だけど、あなたは死んだりしないわよ！」と母親のような口調でつけ加えたので、私たちはきつく腕を組んでそのまま歩き続けました。

　それから二年間というもの、ともに旅を歩む中で、同じような体験をしていることに何度も驚かされました。体験の描写もそれぞれ個性的であると同時に非常に類似しており、プロセスの最中に身につけたさまざまな対処方法も似ていたのです。そしてルシルはいつも、記憶が失せても覚えていられる効果的な方法を教えてくれました。また、自らの「代償」（私が「一体性《ワンネス》」と呼び、彼女が「それ」と呼んだものを見たときの）についても話してくれて、それがあまりにも強烈であるため、彼女も何度も「顔を背けた」とのことでした。そして私が、「通路」の中ではまるで狂気の瀬戸際を歩いているように感じたところを、彼女は「老衰の瀬戸際」を歩んでいるように思ったそうです。また、私が万力で締めつけられているかのように感じたとき、ルシルは「羊膜」のようだったと表現しましたが、そんな言葉を聞いたのはそのときが初めてでした。このように、例をあげたらきりがありませんが、ほぼ、それぞれの段階ごとに、私がこの旅で経験していたこととまったく同じような体験を彼女もしていたのです。

もし顕著な違いがあるとすれば、ルシルが話してくれたように彼女の自己が何年もかけて徐々に崩壊したことに対し、私の場合はそれが突如消えてしまったことです。また、お互いの最大の関心や重点の置き方も異なっていました。私の関心は終始、自己が崩壊した後に何が残るのかという謎にありましたが、ルシルにとってのそれは、自己をなくしてどう生きていけるのかということにありました。けれども彼女は、すべてがなくなったとき、あるいはすべてが「抜け落ちて」しまったとき、そこに残るのは「神」であるということを一瞬たりとも疑ってはいませんでした。――けれども彼女いわく、そのときには人生が終わるだろうとのことでした。私はこの点について少し別の見解を持っていましたが、実のところは、二人ともその答えは得られなかったのです。それでも、私たちが不可知の体験を分かち合っていることに変わりなく、それは非常に心が躍り、ときには言葉を失うほどに美しいことでした。私たちは、人間の経験の内で最も重大な素晴らしい出来事を共有していると確信していました。誕生の瞬間を含め、今まで経験してきたいかなる出来事も、この最後の旅の圧倒的な現実と驚異に匹敵するものはありません。実のところ、人はこのとき初めて誕生するのです！

旅が始まってから三年の歳月が流れ、これを書いていたあるとき、ルシルはさまざまな才能とユーモア感覚を最後まで失わないまま、移行のプロセスで見つけた新たな生の完全性の中へと旅立っていきました。人生のこの時期にルシルに出会えたことはかけがえのないことで、ともに過ごせた喜びはもちろんのこと、彼女との出会いは、ともすればこの経験を非常に稀で、尋常ではない、私的なものとしかねない私の思いを完全に払拭してくれました。ルシルはこの経験が、あらゆる時代の高齢者が辿る、世を超えて通り抜けていく移行のプロセスを映し出しているもので、すべてがごく自然の成り行きであると完全に確信していました。私が若いうちにこの旅と出遭ったことは、単に黙想生活の本質を立証するに過ぎません。黙想生活は、常に私たちの通常の生活の可能性を一歩踏み越えたところにあります。そして、この一歩先にあるという点が黙想生活に超自然的な独特の性質を与えているのです。なぜなら、恩寵や変容する特性は自然の過程を速めるからで、それはあたかも時間を突っ走るかのような前進です。

だからこそ黙想者は――ユングが主張したように――「真の自己」（真我）を見つけるために中年になるまで待つ必要がありません。真の自己の発見は、神との合一の副産物であり、それは年齢にかかわらず――非常に若い者でさえも――達成できます。ここにおいて、完全に神に中心をすえたときに、完全に自己は統合されます。

さらに「真の自己」を超越するという後半の旅も、高齢になるまで待つ必要はありません。（私が）この地点に中年期でたどり着いていることはともかくも、人間が自己に頼らなくても生きていけることを確かに示しています。少なくとも、この段階ではそうですし、この先も永久にいりません。こうして超自然的な力は、短期間で達成できるよう働きかけてくれています。自然に任せると、無関係な出来事に身動きがとれなくなったり足止めされたりすることが多く、長い時間がかかります。しかも場合によっては何も達成できないことさえあります。

加えて時間は、超自然的なものを自然な出来事の範疇外に置いたり、何か不自然なもの、異常なものと判断したりせずに説明するための手段になります。と同時に、自然なものも超自然的なものも、等しく神自身の時間であり創造物なので、それらは同じ連続上にあり、だからこそ究極的にこの二つは分離することができないという事実を思い出すとよいでしょう。いずれにせよ、神が創った人間として、また被造物として私たちが前進するのは、唯一神の御力によるのです。したがって、私たちが最終目的地に早く着こうが遅くたどり着こうが、長い目で見ればそれほど関係のないことです。それでもやはり、よりよい人生を歩むために少しでも早くすべてを統合したいということに、ほとんどの人が合意することでしょう。

ルシルと出会ったおかげで、現在の旅について二つの見方ができるようになりました。一つは、自己を完全になくし、そこに何が残っているのかを悟ることは、黙想者にとって神への飽くなき旅の第二の重要な動きを形成する超自然的な出来事である、というもの。もうひとつは、この旅が人間の自然な一生のうちの最終段階であり、すべての自己を超えた「それ」に近づいていくにつれて、自己意識を徐々に手放していくというものです。どちらにしても、それは新たな生に向けた準備、すなわち新たな認識の仕方、見方に参入することです。それは万人にとって真に最も大いなる始まりであって、決して終わりではありません。

旅を通過する黙想者や高齢者は別にして、この移行のプロセスを必要としない人々がいます。そうした人々は、始めから自己意識を持っていないので、そもそも見えない状態を知りません。これからお話しするそれらの人々は、先天的に、また事故や病気によって精神障害を持った人々で、とりわけ私は、生まれつき重度の障害を持った姪のことを思い浮かべます。ずいぶん前に彼女の母親が、この小さいマージが本当の意味で、自己や他者の感覚も、私たちが知るような感情の構造も発達していないと私に断言しました。何時間も満足そうにただ座っているマージを眺めていると、彼女がまるで、自己意識という不可解な世界を外から眺めている傍観者のように見えました。私はいつも、マージが何を見つめ、認識していればあのように満ち足りた穏やかな心の状態を保つことができるのかと不思議に思っていました。でもマージは、自己意識のない状態で生きている乳児や幼児、そうしたさまざまな人たちと同様に、それを一切伝えることができないのです。まず自己意識の相対的な経験を知らなければ、非相対的な「見方」や「認識」について説明したり伝えたりする術はありません。非相対的な状態に入ると沈黙に包み込まれているようで、たとえそれを伝えたとしても——黙想者だけができることですが——真に理解できる人はほとんどいません。実際にそれは、いかなる知的理解をもはばむ状態です。

社会には意志の疎通ができずに自己意識のない状態で生きている人々が大勢いますが、黙想者はこうした人々を代弁できるというユニークな立場にいます。また、黙想者がそれをいくばくか話すことで、創造主の恩寵が明らかになります。というのも、神は黙想者が生涯をかけて追求し、文字どおり、見るためにはどんな代償もいとわない「それ」を見るという恩寵を、小さき人々に惜しみなく与えているからです。そうした神の摂理は、キリストが十字架上の罪人——おそらく、生涯を通じて神を嘲り、隣人を憎んでいた、一人のありふれた罪人——に天国を約束したという、あの有名な話と同じくらい神秘に包まれています。

「それ」を見る目を持っている人々は、いたるところに神の恩寵を見ています。この神の恩寵は、黙想的な物の見方の紛れもない対象であり、実は、まさに主観です。こうして黙想者は、自らのためだけではなく、自己意識を超えて見ているものを伝えられない人たちに代わって、この神の恩寵について説明する役をこなします。私にとって黙想者が社会に果たす役割とは、自己を越えた領域に光を当てて、その領域にどのように至ることができるかを示すことです。その旅について話せる人はわずかですが、それは究極的に、誰もが進まなければならない旅なのです。

　旅の最初の段階は、神との合一あるいは一体性《ワンネス》の啓示で終わり、それ自体がまぎれもない変容ですが、第二の段階で、合一していた二つ（神と自己）が消えて、唯一残る「一体性《ワンネス》」が明かされる点にくらべると、その最終性や絶対性、飛躍性には及びません。したがって、〔訳注　アヴィラの〕聖テレジアと十字架の聖ヨハネが「束の間の」（どういうわけか、彼らは永続する状態とは予測していないのです）と表現した完全な自己喪失は永続的な現実となり、それもまた、「永遠なる移行」における別の段階の現実に過ぎません。

　私の知る限り、合一あるいは自己と神を超越した段階について唯一言及している神秘主義者はマイスター・エックハルトです。それはいわば、彼の用いた「突入」や、神性の中へと「炸裂する力」という言葉や「魂が原初の中の原初、あらゆる善と真理の根源に達するまで、神と真理の概念を超えた『それ』に向かって突入していくのです」（translated by R.B.Blakney, *Meister Eckhart*, Harper&Row, p.169）という一文に読み取ることができます。私が「自己の喪失」と呼び、エックハルトが「突入」と表現した二つの画期的な現象の先に横たわる発見の中にはいくつかの共通点があります。残りの紙幅を、この類似性を取り上げることに費やしてもいいのですが、それをすべてここで述べるわけにもいかないので、この師から一文だけ引用させてもらうことに留めようと思います。

> 私が神から流れ出たとき、万物は神ここに在りと言った。しかし、私は幸福にならず、むしろ自分が被造物であることに気づいたのだ。一方「突入」のとき、私は自らの意志や神の意志、そして神の業や神自身からも自由になり、万物の上に立ち、もはや神でも被造物でもなくなった。私はただ、自分がかつてそうであったもの、そして今も未来永劫に変わらぬものとなり……「突入」の中で私と神は一つであることを知った。私はそこで、かつての在ったものとなり、それ以上に小さくも大きくもならず……ここに至っては人の内に神が宿る場所はなく、その貧しさがゆえに、人は永遠の命を勝ち取るのである。
>
> (Matthew Fox, O.P. *Breakthrough: Meister Eckhart's Creation Spirituality in New Translation*, Image Books, p.218)

エックハルトの著作物を読むと、彼が旅に挑み、移行を遂げたということがわかります。また、エックハルトは「突入」の先で自らが目にしたものについて赤裸々に語ったため、ついには教会から激しく糾弾されたことも納得できます。いくばくかの神学者たちが、自分たちが説教をしていた一般の人々がエックハルトの話を聞き、人は本質的に神と一つであるという、神学的にタブーとされていた真理を本気にしてしまうのではないかと恐れたのは明らかです。しかし、こうした糾弾にもかかわらず、神学者でもあったエックハルトが説いたことは、決して教会の教義に反するものではありませんでした。[8]

むしろ、彼は神学の解き明かそうとしている真理を体験し、実践していただけであることに間違いありません。言うなればエックハルトは、聖トマス・アクィナスが中断したところから始め、ドミニコ会士らがひたすら沈黙を貫くしかなかった領域を拡大したばかりではなく、それについて雄弁に語ったのです。これら同時代に生きた二人は、ともに入念に黙想体系を築きました。そしてもし、これらの体系が別々に研究されたり、二つのうちのより思弁的な体系〔訳注　聖トマス・アクィナスの体系をさしている〕のみの研究で終わったりしてしまったのなら、いつまでも片手落ちのままです。

このため、スペインの神秘主義者〔訳注　十字架の聖ヨハネ、聖テレジアなど〕たちがアクィナスの思弁的視点だけに一致した黙想的体験を述べざるをえなかったのは非常に残念なことです。こうした中で、合一を超越したエックハルトの示唆した領域は失われ、神秘主義者たちの著作においても何も説明されないままに終わりました。前にもお話ししたように、こうなる理由は、「突入」の先で知りうる「こと」が、神学的に不適切と考えられたからです。
「偶然」に遭遇した神との合一や融合について語るのは正統ですが、神との本質的な合一——神の本性になる合一——を口にするのは異端と考えられています。問題視されるのは、単に表現や語義上の問題ではなく、むしろ合一していた神と人が溶解し、そこには「大いなる一つ」という明白な存在だけが残るという体験です。とりわけラインラント〔訳注　ドイツのライン川以西の地方〕の神秘主義者たちは、神における三位一体の区別よりも、三位一体の本質的な一体性《ワンネス》、あるいは一体性《ワンネス》に一番の重点を置いていたようです。この一体性《ワンネス》は私たちの旅にも反映されていました。つまり、区別のあった合一は、区別のない合一——神の本質的な一体性《ワンネス》——に道をゆずりました。ですから、神の合一を悟ることは、三位一体の区別を完全に理解することと同じくらいに重要なことなのです。

　ところが、この神の合一という現実は、黙想体験では認められていません。なぜならその現実が、創造主と被造物のあいだには本質的かつ永続的な分離があると主張する神学と一致しないからです。たとえ被造物が「本質的」な一体性《ワンネス》に遭遇したり、神の神性や現存の一部になるのみならず、神本体や本質の一部になったとしても、神と創造物の一体性《ワンネス》には必ず分離や区別がなければならないというわけです。このような本質的な区別を承認しながらも、エティエンヌ・ジルソン〔訳注 フランスの中世哲学史家。1884-1978〕は次のように自問しています。

> 私たちが知りたいのはただこれだけだ。人と神の実体は、たとえ一部分でも、一致できると認められるだろうか――つまり一致を認め、ひいてはそれを実際に実現できるかどうかである。

そして、その問いに対して、次のように答えています。

> 仮に一瞬でも、またどんなときでも、神と人を隔てる障壁が取り払われれば、キリスト教の神秘主義者は神を奪われ、神秘思想をも奪われてしまうだろう。手の届く神など神秘主義者には無用である。唯一、手の届かない神こそ、神秘主義者にとって神なのだ。
>
> (Etienne Gilson, "Unitas Spiritus," Understanding Mysticism, Edited by R.Woods, O.P. Image Books, pp.500-501)

つまりジルソンは、分離しているからこそ合一ができると述べているわけで、それは正しいのです。けれども、自己を超越すると、分離はもはや存在しません。となると、人と神の本体（私は本質と呼びます）の一致は神秘主義者から神と神秘思想を奪ってしまうことになる、とジルソンが述べていることも正しいわけです。とすれば、この本質的合一に至ることは、神に対しても、合一に対しても、あるいはいかなる種類の経験に対しても、あらゆる憧憬や欲求がすべて消失してしまうことを意味します。なぜならこの本質的合一は、まさにその本質において黙想生活の終わりでもあるからです——それはまた、新しい生への幕開けでもあり、要するに、神は永遠に「手の届く」ものとなるのです。

この問題の根源は、「神は万物を無より創造した」という聖書に関する時代遅れの言葉（創世記には書いてありません）にあるのではないかと、私は思っています。しかも、神学者と神秘主義者とのあいだに横たわる不一致の最重要点になっているのが、この「無」をめぐる解釈の違いです。絶対的無は知的な理解を超えているため、神の本質と同様に不可知の領域に分類されます。そこで、「この不可知の無は神ではない」というのが神学者独特の主張であり、「不可知の無は神である」というところが、神秘主義者の最終的に目指すところです。言い換えれば、創造の業において（あるいは、創造とともに）神より流れ出たものは、神ご自身の不可知の側面であるということです。けれども、神の本質は知的に理解できることではないので、たとえ私たちが無より創られたとしても（このことは真実です）、それを頭で理解できるはずはありません。ですが、いったん自己がなくなれば、それがどのように働いているのかについて経験的に理解できるのです。

ここで問題は単に聖書の解釈や語義にあるのではなく、さらに重要なことに、それは経験にあります。なぜなら、神学的に定義された一体性《ワンネス》や神との合一は確かに存在しますが、神学では語れない不可知の本質的一致も存在しているからです。そして「突入」のどちら側に立つかによって、その違いが出てきます。つまり「自己が残っているのか」、それともエックハルトが提言したように「自己は死んで神の中に葬り去られたのか」によるのです。それぞれの立場は、二つの異なる見方と認識を表しています。さしあたって、そのことに関しては、もうこれ以上強調できないほど述べたつもりです。

私たちが無や非存在から生じたことをどのように解釈したとしても、神が私たちをご自身（神の意志、あるいは非創造的エネルギー）から、あるいは神の知性（プラトンが好む言い方）から創られたのではない、というような推測を正当化するのは困難です。なぜなら、神から創造されたことを肯定したとしても、別に人が神になるわけでも、神を物質世界に縛るわけでもありませんし、神の創造性や偶発性を否定することにもならず、何かしらの変化があるというわけでもありません。さらにそれは、キリスト教のいかなる教義にも反していません（不都合があるとすれば、唯一、「永遠の罰」という概念でしょうが、これを必要とするのは誰でしょうか？　それが神でないことは確かです！）。被造物が、その最奥の本質においても神と永遠に分離しているという考え方は、黙想者や神秘主義者が賛同できることではありません。むしろ彼らは、「わかっていることは、それ（究極の運命）が明かされたなら、私たちはあの方（キリスト）にならいます」と述べた福音書の著者たちと同じ見解を持っています。したがって、神の内におられるキリストの身に起こったことはすべて、私たちにも起こるのです。

　私が興味を持ってきた事柄を理解するのは、それほど難しくはないはずです。第二の旅を歩み始めた当初から私は、自分がこの旅や経験の主な情報源であったスペインの神秘主義者たちによる黙想の枠組みから逸脱していることに気づいていました。けれども後に、自己と合一の先にある失われた領域についてエックハルトが示唆していることを知ったのです。当初は、エックハルトの本を一冊手にしただけでしたが、旅が終わるころになると、友人の司祭Lが旅の資料のリストと神秘思想や神学についてエックハルトが書いた論文の数々を手渡してくれました。[9] 神学が、神秘思想について解釈し直したり、訂正したりしたかった最たるところは、自己を越える失われたこの領域について触れている箇所のようです。神学が最も過敏になっているこの領域について非常にあからさまに語った点で、エックハルトはキリスト教神秘主義者の中でも稀有な存在でした。ですから、人々がエックハルトに対して設けようとした境界線が、まさにエックハルトが「突入」した一線であり、彼をこちら側に留めておくことは、自己を越えた領域を失うことを意味しているのです。そしてそれは、後に続く黙想者の旅の道筋を中断することでもあります。

本書の結びとして最後に述べておきたいのは、私は端緒を開いたに過ぎず、ここに記述しきれなかったこともたくさんあるということです。また冒頭で述べたとおり、私は自己を超越した領域について記述した古典的な黙想の書を見つけることができなかったために、それを自分で書くことにしたのです。自分のためというよりは、私と同様に行き止まりにぶつかり、予期していたような旅の道筋が突如途絶えてしまうことに遭遇するこれからの黙想者のために本書を書きました。旅を終えた今、自己と神の合一（「霊的婚姻」や「合一による変容」など、何と呼んでもいいのです）と表現されるものは何であれ、その先には間違いなく、新たな領域が待ち受けていることがはっきりとわかります。自己と神との合一が自らの霊的な人生における結末、あるいは究極の成就だと思っている黙想者がいるなら、それは重大な誤りです。今の私には、その人が中間地点を見ており、その視点はあまりにも低く、限られた狭い範囲でしかとらえていないことがわかります。この地点でそのような人は、自身の神格化という思い違いをしたまま神に集中しさえしているかもしれません。そしてそこでなす唯一の偉業といえば、ただ知らないうちに神をだましているということです。とすれば、たとえこの合一に伴う愛、力強さ、確信などの経験をすべて手放しても、先へ進むことが最善だと言えます。たとえ神聖な自己であろうと、あるいは真実の自己（真我）であろうと、経験的な自己であろうと、ほんのわずかでも自己の感覚や認識、ほのかな暗示が残っていれば、まだ十分に遠くへは達していないのです。

　私たちは自分の力で、不可知の領域への境界線を越えることができません。私たちがそのような段階に踏み込む準備ができたかどうかは神のみが知り、境界線を越えさせてくれるのも、最後まで見守ってくれるのも神なのです。事実上、自己は決してその境界線を越えることができず、ただ消えいくのみです。真理が識別されるならこれは、キリストのみが死に、キリストのみが復活したということです。私たちはこの神秘を、決して完全には理解できないかもしれません。しかし、先人たちが踏み込んだそのような段階があることを知り、自己の先に横たわる何事にも幻想を抱かないよう準備を整えることが極めて重要です。エックハルトが言うように、私たちが自己を神に捧げることは全き無を与えるに等しいのですが、神がその自己を受け取ることは、神にとってすべてを受け取ることなのです。十字架の聖ヨハネは受け取るよりも「与える」ことを強調したのに対し、エックハルトは与えることより「受け取る」ことを強調しました。この強調箇所の取り替えをどう評価しようとも、そこには二つの異なる展開、異なる黙想の経験がある、という事実が残ります。人生の第一の旅は、自己と神の合一によって幕を閉じ、第二の旅は合一がないこと、つまり合一する自己も神もいないというところで終わります。なぜなら、神を、私たちの内に宿る神としてではなく、神自身の内に宿る神として体験するには、自己は消失しなければならないからです。これより他には方法はありません。

この記録を読み終えた友人がおどけたように「魂をなくしちゃったのかと思ったわ！」と言いました。私自身そのように考えたことは一度もありませんでしたが、その表現が気に入りました。というのも、私はいつも、魂は神の住処で、神と自己が最強のチームを組んで居住している王国であると思ってきたからです。だとしたら、魂を失ったら何が残るのでしょうか？　それが、私やあなたでないことは確かです。では、魂をなくすとはどういうことなのでしょうか？　私はそれを、（合一状態にある）神と自己が死んで黄泉に下り、三日目に復活することを意味していると考えます。私たちは天国での魂について語ることはなく、口にするのは聖人のことだけです。とすると、たぶん天国には魂はいないのかもしれません（私にはわかりませんが）。けれども、もし次の生で聖人になることが今生で魂をなくすことを意味するなら、誰もがそうしなければならないということになります。またこれこそは、キリストが私たちに伝えたかったメッセージ、すなわち「永遠の命を授かるために、まさに自らの命（魂）を棄てる」ではないでしょうか？

この新しい解釈の中でマタイ十章の三十九節は「私のために自らを無に帰す者は、自分が何者であるかを見い出す」となります。私はこの無になるにあたり、「自分が何者であるかを見い出す者は、自分が〝それ〟そのものであることも見い出す」と、つけ加えたいと思います。なぜなら、神の内に分離はありえないからです。神にとって「存在すること」「何かであること」「誰であるか」「どこにいるか」はすべて、「一つ」です。この「一つ」のほかには、何ものも存在しないのです。

8）最近私は、トマス・アクィナスの次のような句を見つけました。「それゆえに、神の内に存在する被造物は神聖な本質を持っているのです（De Potentia, q.3, a.16, ad 24）」。この句が文中から抜粋されたものなのかわからないのですが、私たちは被造物である限り、神聖な本質を持つことができないというのが私の見解です。私たちは、キリストに変容を遂げたときに初めて神聖な本質を持つのであり、その場合、もはや私たちは「被造物」ではありません。究極的には、「私たち」もないのです。

9）司祭の手渡してくれた文献のリストの中には、いくつか疑わしい内容のものもありましたが、経験として、半分は真理を述べていると思いました。経験というものは、それ自体には意味はないのですが、それを通じて学ぶ真理に意味があります。というのも、経験は有限ですが、真理は永遠だからです。

解説（“What is Self?”「自己とは何か」＊の序文より抜粋）

ジェフ・ショア
在家禅者
京都 花園大学文学部 教授

ここに記されているキリスト者の黙想の道は、まったくもって革新的です。その道の深さのみならず、意識そのものから行われているからです。著者は次のように簡潔に描写しています。「自己の本質は意識です（“What is Self?” p4）」。そして彼女は、その描写の意味するところを、内面を真摯に見つめることに努力を惜しまない人たちがわずかでもかいま見られるように明らかにしています。

バーナデット・ロバーツ氏は霊的な道を歩むために合一的状態であることの重要性を説明しています。そのこと自体はそれほど新しい視点ではありません。けれども、彼女の描写の緻密さと鮮明さは啓発的です。続いて、エゴの消滅後、あるいは合一的状態の先に何が横たわっているのかについて述べています。ここに彼女の業績の偉大さがあります。わたしたちが霊的な道の最終

＊バーナデット・ロバーツ氏が著わした三冊目の書。

ゴールと思っていた地点が実は、全体のなかの中間点に過ぎないということを示してくれています。そのことを極めて明確に描き出しているのです。

バーナデット氏は、その道のことをはじめはキリスト者の道と描写していましたが、のちには彼女自身の黙想的な葛藤であったと率直に語っています。それは、単なる信仰告白でもなければ、教義や推測でもありません。わたしたちを動かしている自己の終焉がゴールではないとするならば、あらゆる霊的な探求の真の最終地点とはいかなるものなのでしょうか? バーナデット氏はそのことについて、はっきりと次のように述べています。

「それでも真理への探究は続けられなければなりません。そこに何ひとつ疑問を持ったり、聞きたい質問が残ったりしない状態に至るまでは（p.77）」。

また彼女は、別の箇所で、より伝統的な言い方で表現しています。「つまり神との合一は、合一すべきものが何一つ残されていないところまで止むことはないのです（『無自己の体験』p.220）。それは、神秘的な合一や恍惚以上の――あるいは以下の――ものです。いわゆる悟りの体験に関するわたしたちの先入観や固執を一刀両断します。

バーナデット氏はわたしたちがみずからを霊的な探求に完全燃焼させることの重要性をはっきりと示しています。繰り返しになりますが、彼女の記述には何一つ新しいものはありません。しかし、根底にある真実がまったく驚くべき姿で描かれています。自己の完全にして最終的な無為は恩寵《グレース》によるものです。決して自己に成し遂げることはできません。実のところ、すべての変容は最終的には恩寵に他ならないということがわかります。一方、彼女自身の葛藤と経験に基づいた描写と分析は、それを真摯に知りたい人たちにとっては一読する価値があるでしょう。どのように、そしてどれほど遠くまで自己は奮闘するのでしょうか？　そして、どのように、またどの地点から恩寵が訪れるのでしょうか？　もしあなたがこれらのことを本当に知りたいと思うならば、読み続けてください。わたしは彼女をおいて存命中のキリスト者でこのような深遠な霊的洞察を持った人を知りません。

　バーナデット氏がこれらのことを三位一体説の表現やシンボルを使って表現しようとしたことは自然だと言えます。彼女にとって、それ以外の手段はなかったからです。一貫性のないキリスト者が途中で仏教に感化され、結局どちらの真理にもたどり着かない場合と比較してみると分かります。バーナデット氏はキリスト者の表現やシンボルを単に使ったわけでも借りたわけでもありません。それらの言葉やシンボルを解説したり、命を吹き込みたかったわけでもありません。

ここで明かされているのは、極めて明晰な、深みへと掘り下げられた「キリストの真実」なのです。キリストとは何者なのか？　「それは、無自己のときに残るもの……（『無自己の体験』p.180）」です。

バーナデット氏の経験を他の宗教的な枠組みに無理矢理当てはめるのではなく、彼女が真摯にとどまり続けたキリスト者の三位一体の概念を正当に評価したいと思います。そのことは、わたしたちが長年身に付け、助長させたとさえ言えるキリスト教的信仰に関する誤った信念を手放すことを意味するでしょう。カトリックの黙想者であり、元修道女であったバーナデット・ロバーツ氏は自身の信仰によって最後までたどり着くということを信じていました。「一つの道にとどまりながら、その他の最良のものをすべて吸収すること。もしそれができれば、わたしたちはその道に貢献できますし、その道を歩むすべての人たちにも貢献できます。そうでなければ、結果的に誰にも貢献できないでしょう（"What is Self?"p.108）」。

著者は人を改宗させることに関心はありません。もしそうであったならば、なぜ一介の禅者であるわたくしに序文を依頼するでしょうか。カトリック信者の女性であったバーナデット・ロバーツ氏はわたくしたちを招じ入れることで、多様な宗教的伝統に通じる深遠な考え方――あるいは単純化できない相違性――を共に探求し、本物の宗教間の出会いを新たな深みへと押し進めようとしています。それは、わたくしたち自身が霊的な道の価値や限界に光を当てることに役立ちます。また彼女が述べたように、他の最良のものをことごとく吸収することができるのではないでしょうか。そういう意味でも彼女の呼びかけに応じるのはまたとない喜びです。

バーナデット氏はキリスト教を擁護するつもりは毛頭ありません。キリスト教の制度や伝統は完全ではありません。言うまでもなく、仏教のそれも完全ではありません。探求者にとっては、どちらの宗教が優れているからといって一方を切り捨てることではなく、最奥へと探求することが大事なのです！　バーナデット氏は彼女の宗教的伝統のなかで、それ（無自己の体験）が起こるという恩恵を受けました。彼女は著書のなかでカトリック信仰者の事例としてすべてを分析しようと試みました。どの伝統に則って探求するのかは、わたしたち次第です。

無自我（no-ego）の体験は、まったく理解可能であると言えます。バーナデット氏はキリスト教者の見解から無自我の状態を詳細に描写しています。しかしながら、彼女はなぜ「無自己」という根本的な表現を使ったのでしょうか？　それは、起こった現象――反射的な自己意識の構造全体の永続的な停止、あるいは永遠の崩壊――をこれほど正確に現す言葉が他になかったからです。バーナデット氏はこの心の反射的な、あるいは心自体に注視する無意識の機能を「反射的な意識」「自己反射的」と呼んでいます（"What is Self?" p.65-66, 93-94）。

自己がとどまっている限りは、無自己の状態は全く不可能であると思われるでしょうし、少な

くとも別のものを連想するでしょう。バーナデット氏は

「わたしにとっては、それがこの冒険で最も不可解な側面でした。もし自己が消滅し、その場所が空になれば、何らかの神聖な命が現れてその空間を埋めるものだと固く信じていました。けれども、それが起こらなかったときにわたしは迷子になってしまったのです（『無自己の体験』p.100)」。

無自己はまったく不可能です――自己が体験できないという意味において不可能です。けれども、確かに起こり得るのです。それは事実です。まさに自己を超えた現実であり、したがって自己が到達したり疑ったりする余地はないものです。けれども、わたしの言葉を鵜呑みにする必要はありません。疑わしいと感じたならば、ご自身で確かめてみればよいでしょう。それならばむしろ、バーナデット氏やその他多くの覚者が発見したように、本書にその疑念と一緒に、最終地点まで連れて行ってもらい、真に自己を阻んでいるのは何であるのか開示する機会を自分に与えてはいかがでしょうか。

偉大なキリスト教の神秘主義者、マイスター・エックハルトの記述にも、無自己に関する劇的

な描写を読むことができます。しかしながら、バーナデット氏は今生きています——アメリカ英語の語法でわたしたちに記述し、直接語りかけることができるのです。

現代を生きるわたしたち西洋人にとって、人間の成長と成熟に関して無自己が含意するものは極めて重要であると言えます。徹底した精密な看破が要求されます。人間であるとはどういうことなのか、成長や成熟とは何か、老いて死ぬこととは何であるのか——すべてが画期的で驚くべき方法で光のもとに曝されようとしています。わたしたちの大切な自己の成熟と進化は重要な問題です。けれども、人間の成長の道において、自己は最終地点ではありません。自然に老いていくプロセスを止め、「永遠に若くいたい」と願う人間の悲劇的で痛ましいほどの努力や死ぬことへの恐怖は、自己中心的な幻想から生まれています。「自己とは何か？」は、いつの日かトランスパーソナル心理学が終結するところから始まります。本書には自己の先に何が待ち受けているのかについて、ニューエイジ的なふわふわとした幻想ではなく、実体性のある驚くべき黙想の体験が描写されています。

以上をふまえ、わたしは本書で示されているキリスト教的な黙想者の道の深みと力を少なからず感じることができました。にもかかわらず、バーナデット氏の仏教に対する洞察は、多くの仏教者の著者たちよりも際立っています。彼女の深く掘り下げられた霊的な視点は革新的で説得性を持っています。「仏教に関する個人的な発見（“What is Self?”p.111-117）」の章を一つだけあげても、このテーマを扱ったその他多くの著名な本を凌駕するほどの読み応えがあります。

　わたくし自身は、幸か不幸か、一九七六年に二十代前半という比較的早い時期に、自我（エゴ）を無くす no-ego（無自己 no-self の状態とは異なります）という霊的躍進を体験しました。それは禅の修行が引き起こした一時的なものでしたが、真実を覆い隠すベールが取り除かれるという全く素晴らしい体験でした。しかし、わたし自身の未熟さ故に生活習慣や修練の基盤がまだしっかりと確立されておらず、周りや自分自身をも傷つけ、苦悩をもたらすという結果を招いてしまいました。この体験により、自我（エゴ）を無くすことの重要性をよく知っています。しかし、それだけでは十分ではないこともよく分かっています。わたしたちは、自己それ自体が本当にすっかりと消滅してしまうまで歩み続けなければなりません。仏教はその課題に取り組むための独自の方法を持っています。しかし、わたしはこれまで本書で見るような首尾一貫した明確で、詳細なキリスト者の道を提示されたことがありません。

（中略）

　バーナデット氏の業績がどれほど示唆に富んだものであるかのひとつの例として、少しだけ自己に関する概念を取り上げたいと思います。彼女は仏教を理解するのに大変苦労したことを認めています。たとえば、わたしたちが生まれた当初は自己（同様に神）を持っていなかったとするならば、そもそもどうやって霊的探求をはじめようと思いつくのでしょうか？　その答えとして、自己に関する記述を二つ紹介したいと思います。

①「『自己』という名詞や代名詞は、経験的世界においては便利な言葉ですが、何か究極的、永続的なものを示すときは、自己の概念は役に立たないばかりか、誤解さえも招き、わたしたちを完全に論理的な存在に縛ってしまいます——いかなる時も巨大な幻想を生み出します」

②「わたしたちが自己を何らかの実在、存在、魂、霊《スピリット》と認識し続ける限りは、無自己とはいかなるものなのか理解することは到底かなわないでしょう」

　上記は何が自己で何が自己ではないかについての、優れた仏教的な描写ですが実は、バーナデット・ロバーツ氏の言葉です。——彼女の伝統とするところの視点から述べられています（『無自己の体験』p.149,“What is Self?”P.49）。繰り返しになりますが、それぞれの道が同じだと言う気はまったくありません。むしろ重要な違いがあります。

　もう少しその違いについて検討してみたいと思います。「『誤解』と言っても、それは自己が偽りだというわけではありません。つまり、自己は相対的な現実なのであって、究極的な事実ではないということです（"What is Self?"P.117)」。この点について、わたしも同感です。

「自己はわたしたちの真実の姿でも本質でもありません。それは期間限定の機能なのであり、ある特定の認識方法として役に立つもので、あらゆる面で原罪の概念と同等のものです。自己は罪ではありませんが、罪の原因となるのは確かで、わたしたちが克服しなければならないのはその影響ではなく、原因そのものです。赦されるだけでは不十分であり、そもそも赦されないといけない必要性を終結させなければならないのです（『無自己の体験』p.186)」

（中略）

バーナデット氏は、性急にキリスト教的信仰を捨て去ってしまった多くの人々――わたし自身も含め――にどれほど貴重な教えをもたらしてくれたことでしょう！　若者たちの多くが教会とその制度を「看破」したのではないでしょうか？　しかしながら、わたしたちは湯水と一緒に赤ん坊まで流してしまって〔訳注：大事なものをいらないものと一緒に捨ててしまうという意味の英語のことわざ〕はいないでしょうか？　ここに記されているのは、キリスト教的信仰が極東の偉大な宗教の伝統に何ら劣っていないということです。自分自身の内面をよく見つめてみてください。よく吟味し、自分自身で確かめてみてください。

仏教やその他の極東の修行に身を投じた西洋人の多くが、最終的にキリスト教的信仰に回帰しています。それはそれでよいことです。彼らは本書に記された苦難以上に、純粋で直接的で、貫徹した道を他に見つけることはできないでしょう。

またどれほど多くの仏教やキリスト教など「対話者」が、最終的には自分の宗教の優越性を主張し、それに及ばないものとして他宗教の価値を減じてきたでしょう。わたしもその一人でした。

しかし、もう十分です。本書は、そんなつまらない議論を吹き飛ばし、これまで以上に、双方に対し、より高みを目指すことを要求しています。バーはかつてないほど、跳ね上げられました。

子どもの頃は、キリスト教に何か偉大な真理があるのだろうと感じ取っていました。その後、エックハルトのような神秘主義者の記述を読んでまるで家に帰ったかのような気持ちになりました。しかし、自分の頑固さと浅はかさゆえに、キリスト者の道がそれ自体完全で完結していることに気づくという恩恵にあずかったのはそれほど昔のことでもありません。不足しているものなど何一つありませんでした。それ自体で完成しているのです。それも、バーナデット・ロバーツ氏によるものが大きいと言えるでしょう。

わたしたちは霊的な伝統について、真に意見を交わすことができるでしょうか？　避けなければならないのは、似たように聞こえる考え方やあいまいな普遍的概念を寄せ集めて、安直に性急に合意しようとすることです。そのような合意には何の意味もありません。それどころか有害です。なぜなら、それは双方を自己欺瞞の泥沼に陥れる約束へと変化させてしまうからです。異なる伝統のあいだで、真実を語り合うことは易しいことではありません。どんな状況においても勇気と信頼、慈愛の心を持って、互いに開かれた姿勢で臨まなければなりません。そして、バーナデット氏はそのことに最善を尽くしたのではないかと思っています。さあ、わたしたちはどうでしょうか？

たとえばキリスト教と仏教をくっつけるよりも——ひどい場合はごちゃまぜにするよりも——、わたしたちは互いに学び合うことができます。そして、助け合うことができます。バーナデット氏は次のように述べています。

「わたしは西洋、東洋の宗教学者ではありませんが、どの宗教も単独で急流を渡らせることができると信じていることを知っています。でも、わたしはすべてを総動員して渡る方が余程優れていると思うのです。というのも、救命具がどれほど素晴らしく構成されていたとしても、急流を渡るのは極めて難しいからです（『無自己の体験』p.147）」。

この本を読み進め、考察しているうちに、キリスト者の黙想の道がいかに奥深いものなのか、読者に高く評価していただけるのではないかと期待しています。そして、それが何であろうと、あなた自身の伝統と道を新しい目で見ることができるのではないでしょうか。どうか探求のプロセスで、完全に道に迷ってしまうようなことがあっても恐れないでください。きっとそれは避けては通れないことなのです！

ここに来てわたしに残されているのは、わたしの霊的《スピリチュアル》な友人のバーナデット氏とともに、ひざまずいて祈ることだけです。この本を読んであなたにも同じ衝動が起こったら、躊躇しないでください。

合掌

訳者あとがき

この時期に、本書が出版されることになり大変嬉しく思っております。実は十数年前に訳したまま、諸々の事情によりお蔵入りになっていたのです。この十数年もの間に、個人的にも世界的にも（地球次元でも）私たちは大きな変化をいくつも体験してきました。戦後日本人が突き進んだ経済至上主義的な考え方の弊害を、嫌というほど味わいました。私たちは、今、そして未来にどういう世界を求めるのでしょうか。子どもたちにどんな世界を手渡していきたいのでしょうか。何よりも、自分自身がどう生きたいのかが問われ、それが短期間のうちにはっきりと示される時代がやってきたと実感しています。求める生き方は十人十色です。おそらくどれが良くてどれが悪いということではないのだと思います。この世界は、まさに私たちの実験場のように感じることがあります。いろんなことをしてみて、成功も失敗もくり返しながら少しずつ、自分に合った生き方に近づけていく。それがゆるされている夢舞台が地球なのではないかと。でも、その地球も物質である限り（そうではない側面もありつつも）、限界があります。少しずつその事実にみなが気づきはじめている、いや、本当はもうとっくに知っていたのに目をつぶってきたことが、もはや否定できない形で私たちの目の前に突きつけられていると言った方が近いかもしれません。それでもなお、どこに向かおうとしているのか。本書はもう一度振り出しに戻り、そもそも「わたし」って何者なの？ということを真摯に問い続けている一人の女性の手記だと思っています。もう一度自分がどこに向かおうとしているのか問い直すためにも大変重要な問いだと思うのです。

普段の自分が意識している「自分」の背後に無限大の領域がある。社会的自己に照準を合わせるベクトルと真逆な方向で、自己を見つめた先に何が待ち受けているのか、その一端を明かしているのが本書ではないでしょうか。ときには内容にどきどきと胸を踊らせ、ときにはがっくりと肩を落とし、不可解さに首をひねりながら翻訳の作業に取り組んでまいりました。自分の拙い体験と必死で重ね合わせながら、著者の表現しようと試みている体験や想いを汲み取ろうとしました。訳者自身は、キリスト教信者ではありませんが、神を想定し、究極的にはその大いなる何者かとの呼応のなかで、自らの人生が進んでいるのだと信じています。そういう意味で超自然的な考え方には幼いころより馴染みがありました。ただし、（例に漏れず）常識はずれであったために、どれだけ周囲（とくに両親を含めた大人）に迷惑をかけたか分かりませんが。

同年代の仲間が何の疑いもなく社会生活に入っていく二十代では、その意味が分からず、ひたすら自分探しの旅に身を投じていました。もう精神も肉体もぼろぼろになってたどり着いたインド・ダラムサラのゲストハウスの屋上で、私は二度目の（本書で言うところの）至高体験をしました。突然満天の星空が私に向かって急速に迫り、星空と自分が一体になる体験をしました。滂沱の涙を流しながら、これまでの醜態を詫び、生きていることに感謝をしました。もう何があろうと、「それ」から離れまいと固く誓ったのです。私はこんなに強烈な体験をしたのだから、帰国したら人生は一八〇度変わるだろうと高をくくっていました。ところが、そう簡単ではなかったようです。もう一度あのような至福の感覚を味わいたくて、瞑想、ヨガ、ダンス、食事療法とさまざまなことを試しましたが、自分から求めてやってくるものではないということが分かりました。私の体験は、もしかすると、著者の言うところの第一段階なのかもしれません（確信は持てませんが）。現在は、まさに中間期といったところですが、どんな外的な試練が訪れようとも、内側の静寂点からびくともしないという精神状態からはほど遠いです。日々ふりかかる子育てや家庭生活、仕事の雑事にふり回されっぱなしで、このまま人生が終わってしまうのではないかと思うくらいの忙しさです。まさに、この忙しさ＝生きることだと信じて疑わないほど絶対的にリアルです。でも、著者によると、いつ終わるとも知れないそのときが来たら、私たちは旅に出ないといけないようですね。それがいつなのか、本当に来るのかも疑わしい毎日を過ごしていますが、そんな生活とともに、地下水のように途絶えることなく流れ続けるもうひとつの生（スピリチュアルな生、本来の自分のあり方などさまざまな呼び方がありますが）があるということを思い起こさせてくれるだけでも、本書の恩恵ははかり知れないと思います。読者の皆さまにとっても、本書が普段意識している自分のより深い次元で、何かが大きく舵取りをしてくれているということを少なからず実感できるきっかけになればと願います。

　最後に本書の出版を可能にしてくださったナチュラルスピリットの今井博央希社長、編集者の西尾厚さま、および本書作成に関わってくださったすべてのスタッフの方々に心よりの感謝を申し上げたいと思います。また、常日頃から私を陰に日向に支え、生きる意味や勇気、喜びを与えてくれる家族、保、隆馬、敏子、豊巳にこの場を借りてお礼を申し上げます。みなさま、本当にありがとうございます。I LOVE YOU ALL!

二〇一四年一月

立花ありみ

著者

バーナデット・ロバーツ　Bernadette Roberts

1931年生まれ。カリフォルニア州在住。子供の頃より自然の中で、彼女自身の内側で神の啓示を体験してきた。10代の初期にカルメル修道会に入る。まもなく彼女は、十字架のヨハネの言う「魂の暗夜」を体験する。黙想的な生活をする修道女として10年間過ごした後、カルメル修道会を去る。結婚し、4人の子供を持ち、その後、神と共に「市井」の生活を過ごす。その後何年も経ったあるとき、「一なるもの（ワンネス）」の体験をし、自己を失う体験をする（前半の旅）。ワンネスが虚無に変わり、4ヶ月間の「大いなる通路」を経て、主客とそれ自身の三位一体を「見る」気づきを得る。相対的な知覚から非相対的な知覚へ移行し、新たな人生を歩んでいる（後半の旅）。

本書のほかに “The Path to No-Self” (1985)（『神はいずこに』2008年日本教文社刊），“What is Self?” (2005)（『自己とは何か』2021年ナチュラルスピリット刊）がある。

ホームページ：http://bernadetteroberts.blogspot.jp/

訳者

立花ありみ　Arimi Tachibana

サンフランシスコ州立大学マスコミ科卒。臨床心理士。ヒプノセラピスト。翻訳家。公立小中学校、教育相談センター等でカウンセラーをする傍ら、スピリチュアルな気づきと心理学的手法の融合を目指している。訳書に『〈わたし〉—真実と主観性』デヴィッド・R・ホーキンズ著（ナチュラルスピリット刊）等がある。また、自宅セラピールームにて、psycho-spiritual therapy を行っている。

問い合わせ先：starpeople@jcom.home.ne.jp

出版社より

本書は、2014年10月29日に刊行された『無我の体験』を改題して出版したものです。本文の「無我」の記述も「無自己」に変更してあります。no-selfの訳語として「無我」でも間違いではないですが、著者の言わんとするところが「無自己」のほうがより的確のように思われたため変更することになりました。詳しくは同著者の『自己とは何か』(ナチュラルスピリット刊)を参照。

無自己の体験

●

2021年11月8日　初版発行

著者/バーナデット・ロバーツ

訳者/立花ありみ

編集・DTP/西尾 厚

発行者/今井博揮

発行所/株式会社ナチュラルスピリット

〒101-0051　東京都千代田区神田神保町3-2 高橋ビル2階
TEL 03-6450-5938　FAX 03-6450-5978
info@naturalspirit.co.jp
http://www.naturalspirit.co.jp

印刷所/創栄図書印刷株式会社

ISBN978-4-86451-383-8 C0010